DIE ESOTERISCHE PRAXIS

Christliche Meditationen und Übungen

Zusammengestellt unter der Leitung von

Dr. Stylianos Atteshlis

Ein Lehrer dessen was im Innern ist.
(bekannt als »Daskalos«)

Aus dem Englischen übersetzt
von Karl Friedrich Hörner

edel
verlag

Esoterik

Herausgegeben vom Edel-Verlag Duisburg

Dieses Buch wurde auf chlor- und säurefreiem Papier gedruckt.

Deutsche Erstausgabe März 1996
© für die deutschsprachige Ausgabe
Edel-Druck GmbH · Verlagsabteilung
Das Werk einschließlich aller seiner Teile ist urheberrechtlich geschützt.
Jede Verwertung außerhalb der engen Grenzen des Urheberrechtsgesetzes
ist ohne Zustimmung des Verlages unzulässig und strafbar.
Das gilt insbesondere für Vervielfältigungen, Übersetzungen, Mikroverfilmungen
und die Einspeicherung und Verarbeitung in elektronischen Systemen.
Titel der Originalausgabe »THE ESOTERIC PRACTICE«
© 1994 Panayiota Theotoki-Atteshli
Umschlagillustration Dominik Stauch
Gesamtherstellung Edel-Druck GmbH, Mülheimer Straße 97, 47058 Duisburg
Telefon (0203) 332513 und 332551, Telefax (0203) 339569
Printed in Germany
ISBN 3-925609-03-2

Neue Bestelladresse:
Opal Verlag · K F Hörner
Pf. 431103, D-86071 Augsburg
T. 0821/2639702, Fax 2639701
E-Mail: info@opalverlag.de

Die vorliegende Schrift ist ein Begleitband zu dem Buch *Die esoterischen Lehren* des Verfassers, das mehr die theoretischen Aspekte unseres Werkes darstellt. Doch sie ist auch als ein eigenständiges Werk gedacht und bietet einen kurzen Überblick über die Grundaussagen und Überzeugungen unseres esoterisch-christlichen Weges der Wahrheitsforschung*.

Beim Lesen dieses Textes werden Sie wahrscheinlich auf Begriffe stoßen, die Ihnen nicht vertraut sind, und vielleicht auch solche finden, die Ihnen in anderen Lehren und Schriften schon begegnet sind. Sie werden feststellen, daß unser System zur Wahrheitsforschung manche Begriffe und Gedanken auf eine eigene Weise verwendet und sieht. Um Verwechslungen zwischen unserer Terminologie und der von anderen Denkrichtungen und Lehren zu vermeiden und um ein besseres Verständnis des hier vorgelegten Materials zu gewinnen, möge der Leser auf das Glossar am Ende des Buches zurückgreifen.

Als Ergänzung zu diesem Titel werden wir in Kürze eine Sammlung geführter Übungen und Meditationen von Panayiota Atteshli Theotoki veröffentlichen. Ihr Werk wird die Techniken der komplexen Visualisierung (einer Sprache des Göttlichen) ausführlicher behandeln und Wege zu tieferen, innersten Sphären des Bewußtseins weisen.

Die Herausgeber

4

Meine herzliche Dankbarkeit gilt allen, die zur Veröffent-
lichung dieses Buches beigetragen haben. Danke, Paul,
Eliane, Rudolf, Sophie und meine Tochter Panayiota. Ich
danke auch Rob und Audrey, die die Übungen von Tonband-
aufnahmen gesammelt haben. Schließlich danke ich Valerie
für ihr sorgfältiges Korrekturlesen. Gemeinsam widmen wir
dieses Buch den Wahrheitsforschern überall.

Stylianos Atteshlis

INHALT

TEIL EINS
Gnosis
Esoterisch-christliche Weisheit

TEIL ZWEI
Praxis
Übungen und Meditationen

BEMERKUNGEN

Die dem englischen Original zugrundeliegende Bibelausgabe ist die *King James Bible* aus dem Jahre 1611. Um zu große stilistische Diskrepanzen zu vermeiden und, wo möglich, dem Duktus der englischen Vorgabe zu folgen, verbot es sich, für die deutsche Übersetzung eine Version in »moderner/heutiger Sprache« herbeizuziehen. Aus diesem Grunde wurden die meisten Bibelzitate aus der Übersetzung Martin Luthers übernommen.

In einzelnen Fällen wurde die Neuübersetzung von Fridolin Stier (München: Kösel, Düsseldorf: Patmos 1989) und an zwei Stellen das Jesus-Evangelium von Günther und Jörn Schwarz (München: Ukkam 1993) verwendet, um den Sinn der englischen Vorlage besser zu vermitteln.

Alle im Glossar (ab S. 169) erläuterten Begriffe sind bei ihrem ersten Erscheinen im Text mit einem Sternchen (*) versehen.

Auf S. 9 werden die im laufenden Text verwendeten Abkürzungen der verschiedenen Bücher der Bibel erklärt; darunter sind jene Bibelstellen angeführt, die nicht aus Luthers Übersetzung (Quelle: Das Neue Testament (viersprachig), Zürich: Diogenes 1981) stammen.

Die Abkürzungen bei Quellenangaben biblischer Zitate bedeuten:

Apg	Apostelgeschichte
Eph	Epheser
Heb	Hebräer
Jak	Jakobus
Jh	Johannes
1Jh	1. Johannes
3Jh	3. Johannes
Jo	Joel
1Ko	1. Korinther
2Ko	2. Korinther
Kol	Kolosser
Lk	Lukas
Mk	Markus
1Mo	1. Mose (Genesis)
2Mo	2. Mose (Exodus)
5Mo	5. Mose (Deuteronomium)
Mt	Matthäus
Offb	Offenbarung
Ps	Psalmen
Rö	Römer
Spr	Sprüche
1Th	1. Thessalonicher
2Ti	2. Timotheus

Zitate aus der Neuübersetzung des Neuen Testaments durch Fridolin Stier:

Apg 4,30; 1Jh 4,18; 1Ko 6,19-20; Lk 15,11-24; Mt 6,28; Mt 21,22; Mt 25, 36 u. 40; Rö 1,20

Zitate aus dem Jesus-Evangelium:

Jh 3,12 (JE 44,22); Mt 23,26 (JE 32,4-5)

Sag mir, wie schmeckt Salz? Weißt du es? Kannst du beschreiben, wie du Salz schmeckst und wahrnimmst?

Du antwortest vielleicht: Es ist weiß, fest und kristallin. Und: Es besteht aus Natriumchlorid, seine chemische Formel lautet NaCl.

Doch ich sage dir: Bevor du das Salz nicht auf der Zunge gekostet hast, kennst du nicht seinen Geschmack.

Was also tut not? Daß wir einen Pickel nehmen und uns aufmachen zu den Salzadern!

Daskalos

Und ich sage euch auch; bittet, so wird euch gegeben; suchet, so werdet ihr finden; klopfet an, so wird euch aufgetan.

Lukas 11,9

Ich bin verständiger als alle meine Lehrer, denn deine Zeugnisse sind meine Überlegungen.

Psalm 119,99

O Gott, mein Vater, mache meine Schritte auf dem Pfad des Lebens so leicht, wie sie sein dürfen. Laß mich keinen Staub aufwirbeln, sei es in Zorn oder Gier, der meine Brüder und Schwestern blind macht. Mache meine Schritte leicht auf dem Pfad des Lebens. Mache mein Herz, o Gott, mein Vater, zu einem kristallklaren Spiegel, auf daß es Deine Liebe widerspiegelt - meine Liebe - und meine Mitmenschen sich freuen mögen.

Daskalos

EINFÜHRUNG

Mit großer Freude legen wir dieses Buch mit Übungen und Meditationen* in die Hände aller Suchenden. Es ist nicht genug, sich der Beschäftigung mit Theorie und Worten zu widmen; es gilt auch, die inneren Bereiche unserer selbst, des Lebens und der Schöpfung* zu erforschen und zu erfahren.

Das Bedürfnis zu spüren, einem Meister nahe zu sein, oder das Verlangen, sich mit allen heiligen Schriften der Welt zu umgeben, ist nicht unähnlich einem Paar Krücken, auf das man sich stützt, um seinen Weg zu gehen. Doch du mußt bei dir selbst bleiben, mußt aufrichtig und unverzagt das Leben erkunden. Die Welt um uns wird zunehmend komplexer und ist erfüllt von Ablenkungen und Versuchungen, die unsere Aufmerksamkeit anziehen, unsere Achtsamkeit bedrohen. Doch wir müssen standhaft sein und uns unaufhörlich besinnen, denn obwohl sich der sichtbare Ausdruck unseres Lebens im Laufe der Jahrhunderte verändert hat, bleiben doch unverändert und ewig des Menschen Verfassung, Erleben und Bestimmung. Arbeite an dir für den Fortschritt in dir. Lerne zu unterscheiden. Ziehe die rechten Schlußfolgerungen.

Laßt uns bedenken: Es gibt keine anspruchsvollere Aufgabe in unseren Leben als das Streben nach Wahrheit. Das religiöse Leben ist keine passive Zugehörigkeit, sondern ein aktives Bemühen, das Herz zu läutern und den Geist zu erhellen. Je größer die Anstrengung, desto süßer die Frucht. Die Belohnung für die Ausbildung einer heiligen Persönlichkeit reicht weit über das Ende des materiellen Körpers hinaus.

Werde vertraut mit dem Zustand deines grobstofflichen* Körpers und halte ihn in guter Verfassung. Führe einen gesunden Austausch zwischen deinem psychischen* (Emotional-) Körper und deinem noetischen* (Gedanken-) Körper herbei. Deine derzeitige Persönlichkeit* ist mit ihren drei Körpern ein Vehikel, das dem Sammeln und Verarbeiten von Erfahrungen zum Aufbau und zur Fülle deiner permanenten Persönlichkeit* dient. Du mußt versuchen, dein derzeitiges Selbst auf deine permanente Persönlichkeit auszurichten. Unter Mitwirkung des Schutzengels spornt die permanente Persönlichkeit dich (als derzeitige Persönlichkeit) ständig an und weist dir den Weg. Gefühle und Begierden müssen der Weisheit von Mäßigung und Einsicht unterstellt werden. Es gibt keinen anderen Weg.

Es ist von zentraler Bedeutung für unsere Arbeit, daß wir uns bemühen, folgende Fähigkeiten zu entwickeln:

BEOBACHTUNG* - Aufmerksamkeit ohne Anspannung. Ohne die Fähigkeit, zu beobachten und dir das Beobachtete detailliert in Erinnerung zu rufen, sind deine Einstimmung* auf den göttlichen Plan* und dein Wahrnehmen desselben bestenfalls unvollkommen. Beobachtung ist ein Ausdruck unserer göttlichen Wesensnatur.

KONZENTRATION - eine der notwendigsten Voraussetzungen für schöpferisches Denken und das Heilen. Du mußt lernen, alle deine Gedanken auf einen Gegenstand der Betrachtung zu konzentrieren, ob er Objekt deiner Besinnung oder etwas in deiner Hand ist. Deine Konzentration sollte sich bündeln wie das Licht, das durch ein Vergrößerungsglas fällt, und dabei von ihrem Gegenstand so absorbiert werden, daß sie von äußeren Kräften unberührt bleibt, als wäre das derzeitige Selbst vorübergehend aufgehoben (Einstimmung und Einssein*).

VISUALISIERUNG - Indem du lernst, aufmerksam zu beobachten und dich ganz zu konzentrieren, erwächst in dir die Fähigkeit zu visualisieren. Manche klagen, nicht visualisieren zu können, tatsächlich aber visualisieren wir alle: unbewußt bei der Erschaffung von Elementalen*. Auf diese Weise erschaffen und bauen wir unsere Welt. Es gibt nichts Mächtigeres als das Denken; das Visualisieren ist der Vorgang, bei dem Gedanken auf eine konstruktive Weise nutzbar gemacht werden, um das Bewußtsein zu erweitern und Notleidenden zu helfen.

INNENSCHAU - die Erforschung des Inneren. Dabei spürst du die Ursprünge deiner emotionellen und gedanklichen Verhaltensweisen mit dem Ziel auf, deine Persönlichkeit und ihr Unterbewußtes* selbst-bewußt zu strukturieren. Die Entschlossenheit, durch die Reinigung »unseres Gewissens von toten Werken« [Heb 9,14] das Selbst von den Begrenzungen des Egoismus* zu befreien, führt dich der weisen und liebenden Stimme der Seele* entgegen.

MEDITATION - Die inneren Bereiche der Innenschau* werden zu den äußeren Bereichen der Meditation, da die Erforschung sich über das subjektive Erleben der derzeitigen Persönlichkeit hinaus in das grenzenlose Meer des Geistes (Mind)* bewegt, hin zur Ausrichtung auf das Universelle und Ewige.

Vom Universellen und Ewigen jedoch gibt es nichts Größeres als die Liebe, denn »Furcht gibt es in der Liebe nicht. Nein, die vollkommene Liebe treibt die Furcht aus« [1Jh 4,18]. Die Liebe der absoluten Seinsheit* ist die Herzmitte des Kosmos und der Ursprung aller Schöpfung. Dieser Liebe verdanken auch wir unseren Ursprung, und dieselbe Liebe lebt in unseren Herzen.

TEIL EINS

Gnosis
Esoterisch-christliche Weisheit

UNSER GEBET DES HERRN

Nach der Bergpredigt wurde Joshua Immanuel der Christus
von einem Jünger gefragt: »Auf welche Weise sollten wir
beten?« Bei dieser und bei anderen Gelegenheiten [vgl. Mt 6,9
und Lk 11,2] lehrte der Gottmensch uns sein Gebet. Unsere
Version des Vaterunsers und der ganze zweite Teil wurden uns
durch den Geist des Evangelisten Yohannan (Johannes), eines
Apostels Joshuas, gegeben. Vor dem Beginn jeder geheiligten
Arbeit ist das stille oder laute Beten des Vaterunsers angebracht.

Vater unser im Himmel,
geheiligt werde dein Name,
Dein Reich komme, dein Wille geschehe,
wie im Himmel so auf Erden.
Unser tägliches Brot gib uns heute,
und vergib uns unsere Schuld
so, wie wir vergeben unseren Schuldnern.
Und führe uns in der Versuchung
und erlöse uns von dem Bösen,
denn dein ist das Reich
und die Macht und die Herrlichkeit
in Ewigkeit.

Absolute unendliche Seinsheit, Gott,
immerwährendes Leben, Liebe und Gnade,
der du dich in dir selbst offenbarst
als Allweisheit und Allmacht:
Erleuchte unseren Geist,
damit wir dich als die Wahrheit erkennen.
Reinige unsere Herzen,
damit wir deine Liebe widerspiegeln
zu dir und zu allen Mitmenschen.
Amen.

Wenn du betest, sollst du nicht sein wie die Heuchler, die da gerne stehen und beten in den Schulen und an den Ecken auf den Gassen, auf daß sie von den Leuten gesehen werden. Wahrlich ich sage euch, sie haben ihren Lohn dahin. Wenn du aber betest, so gehe in dein Kämmerlein, und schließ die Tür zu, und bete zu deinem Vater im Verborgenen; und dein Vater, der in das Verborgene sieht, wird's dir vergelten öffentlich. Und wenn ihr betet, sollt ihr nicht viel plappern wie die Heiden; denn sie meinen, sie werden erhört, wenn sie viele Worte machen.

Matthäus 6,5-7

ÜBUNG UND MEDITATION

Ein Gespräch mit Stylianos Atteshlis

Paul Skorpen: Lieber Daskale, immer häufiger wird der Wunsch nach einer Sammlung von Übungen und Meditationen geäußert, die als eine Ergänzung deiner Unterweisungen dienen sollen. Wir haben nun die Bitte an dich, uns deine Ansicht über die Art der Übungen und Meditationen mitzuteilen, die im Zusammenhang unseres theoretischen Wissens für uns geeignet sind.

Daskalos: Das ist sehr wertvolle Arbeit, überaus wichtig für unsere Bemühung, relative Wahrheiten zu erfahren und zu verstehen sowie in unserer Entwicklung voranzukommen. Es genügt nicht, daß wir sitzen und reden und reden, denn - wie ich in den Unterweisungen oft wiederhole - wir dürfen nichts annehmen, was wir nicht selbst erlebt haben. Wahrheiten, die man nicht selbst erlebt hat, verkommen rasch zu Dogmen.

P: Das scheint zuzutreffen. Wir begegnen so vielen Wahrheitsforschern, die glauben, daß man nur immer mehr und neues Material brauche, um zur Erleuchtung zu gelangen. Ich frage mich oft, ob wir, um der Wahrheit näherzukommen, nicht besser weniger wissen und mehr erfahren sollten?

D: *Absolut wahr. Es ist weniger eine Frage der Wissensanhäufung und mehr eine Angelegenheit des Entdeckens und Läuterns dessen, was wir bereits haben, was wir bereits sind. Wir können nicht etwas werden, das wir nicht bereits sind!*

P: In deinen Unterweisungen hören wir dich den Wert der Beobachtung, der Konzentration und der Meditation hervorheben. Könntest du hier genauer erklären, was du unter diesen Begriffen verstehst?

D: *Es handelt sich dabei um Fertigkeiten, die ein Wahrheitsforscher entwickeln muß, um sich selbst und die Umstände zu meistern, mit denen er konfrontiert wird.*

Die Beobachtung ist ein Teil unserer göttlichen Wesensnatur und verlangt, daß nichts unserer Aufmerksamkeit entgeht, weder in der grobstofflichen Welt noch auf den Ebenen der psychischen und noetischen Welten.

Konzentration bedeutet das Sammeln unserer ganzen Aufmerksamkeit auf einen Gegenstand, ein Gefühl, einen Gedanken oder eine Idee. Die Größe des Objekts spielt dabei keine Rolle; erinnere dich, daß Joshua* sagte: »Wer im Geringsten treu ist, der ist auch im Großen treu.« [Lk 16,10]. Wir müssen unsere Konzentrationsfähigkeit zu einem solchen Grade entwickeln, daß uns nichts von unserer Arbeit abzulenken vermag.

Die Meditation, die sowohl von der Beobachtung als auch von der Konzentration Gebrauch macht, bringt die Betrachtung und Erforschung eines Gegenstandes mit sich.

P: In jüngerer Zeit hast du auch die Wichtigkeit der Visualisierung* betont.

D: *Das rechte Visualisieren ist für unsere Arbeit unverzichtbar, wie ich schon immer gesagt habe. Sie ist einer der »Schlüssel« [vgl. Mt 16,19], über die so viel spekuliert wird. Alle Übungen und Meditationen, die folgen werden, setzen die Fähigkeit der*

Visualisierung voraus, um psychonoetischer* Übersubstanz zur Erschaffung von Gegenständen und Situationen Form zu geben. Jenen, die mit dem Visualisieren nicht vertraut sind, werden wir die nötige Anleitung geben, die sie zu fortgeschrittenerer Arbeit führt. Doch wir dürfen uns von der Wichtigkeit des Visualisierens nicht zu sehr einschüchtern lassen. Alle Dinge werden zur rechten Zeit kommen.

P: Könntest du den Zweck dieser Arbeit beschreiben? Was ist der Unterschied zwischen einer Übung und einer Meditation?

D: *Wir alle müssen irgendwo anfangen, an irgendeinem Ausgangspunkt. So gibt es Arbeit für solche, die gerade beginnen, und Arbeit für solche, die auf dem Wege sind.*

Eine Übung umfaßt eine Reihe aufeinanderfolgender Schritte (mit Hilfe des Visualisierens) und schafft und entfaltet so die Voraussetzungen zu einer tiefen Aufgeschlossenheit für geheiligte Energien und Sphären. Die Meditation ist eher passiv, da sie Reflexion und Introspektion umfaßt. Der Unterschied ist nicht groß, und oft führt eine Übung in eine Meditation hinüber.

P: Und das Gebet?

D: *Das Gebet ist etwas anderes. Doch auch hier gilt: Wenn dich eine Übung oder Meditation in geheiligten Raum führt und dich den göttlichen Kräften öffnet, hast du vielleicht das Empfinden, du solltest beten. Gebet kommt aus dem Herzen. Und so wie Tränen aus tiefer Gemütsbewegung eine andere chemische Zusammensetzung haben als solche, die aus körperlichem Schmerz geboren sind, haben Gebete - ob laut in Worten oder still in Gedanken gesprochen - andere Schwingungsmuster als jede andere Äußerungsform. Sie entspringen unserem tiefsten Wesen und suchen das Ohr des Göttlichen. Was im Gebet erbeten wird, sollte nicht dem Egoismus dienen, sondern im Herzen empfunden und zutiefst ersehnt sein, denn aufrichtiges Gebet wird immer erhört.*

P: Deshalb sollten wir achtgeben, was wir erbitten, denn »alles, was ihr im Gebet glaubend erbittet - ihr werdet es empfangen.« [Mt 21,22] Wo beginnen wir mit der Meditation?

D: *Bei der Ausübung der Meditation gibt es graduelle Unterschiede. Du kannst nicht drauflosspringen, sondern mußt langsam vorgehen und jeden Schritt auf deinem Wege meistern.*

Das erste Arbeitsfeld - wir wollen es Mikrokosmos nennen - betrifft die Reinigung der derzeitigen Persönlichkeit. Diese Läuterung ist unaufhörliche Arbeit, und selbst sogenannte Meister müssen ständig auf der Hut sein vor dem Emporkeimen des Egoismus. Durch ernsthaftes Studieren lernen wir, das Wesen von Elementalen zu verstehen. Wir lehren, daß die Summe aller Elementale, die wir erschaffen, aufnehmen und mit Energie beleben, unsere derzeitige Persönlichkeit bildet.

P: Weil Elementale nach ihrer Qualität unterschieden und nach ihrer Quantität gezählt werden können, sprechen wir von einer Persönlichkeit sowohl in qualitativen als auch in quantitativen Begriffen.

D: *Eine Persönlichkeit, die beladen ist mit fordernden und emotionellen Elementalen (wie Verlangen, Habsucht, Sinneslust, Neid) oder gefangen in einem Netz von Überzeugungen und Denkhaltungen (voller Erwartungen, vorgefaßten Meinungen, Kategorien, dogmatischen Vorstellungen, Vorurteilen), ist in der Tat schwer belastet und wird sich selbst und anderen eher Probleme bereiten.*

Wenn unser Studieren uns dazu bringt, das Wesen der Elementale wahrzunehmen, dann können wir auf dem Wege der Übung und Meditation beginnen, das Verderbte auszujäten und dem Schönen zum Erblühen zu helfen.

P: Johannes der Täufer sagte: »Er muß wachsen, ich aber muß abnehmen.« [Jh 3,30]

D: *Das ist das gute Werk der Läuterung - oder Reinigung, wenn du es so nennen willst - der Persönlichkeit: die Beseitigung allen Durcheinanders, das Pflegen von Liebe, Toleranz und Nächstenliebe, und das Raumgeben, damit das Göttliche leben und wirken kann. So wird die Persönlichkeit leichter und lichter.*

P: Das erinnert mich an das, was Michelangelo angesichts eines Marmorblocks gesagt haben soll: »Ich kann eine Figur sehen, die darum kämpft, herauszukommen.« Oder an Meister Eckart, der sagte: »Gott ist in der Seele nicht zu finden, indem man etwas hinzufügt, sondern durch einen Prozeß der Subtraktion.«

D: *Vor langer Zeit, im Ägypten der Antike, gab es das Bild von Anubis, der das Herz, das psychische Herz eines Menschen, der gerade hinübergegangen* ist, gegen eine Feder aufwiegt. Ein reines Herz ist ein leichtes Herz, in ihm ist unser logoisches Bewußtsein zu Hause.*

Zwischen den Elementalen innerhalb jeder Persönlichkeit versucht die selbstgewahre* Seele hervorzukommen und sich Ausdruck zu verleihen als »eine Stimme in der Wüste« [Jh 1,23]. Die Lehren des Gottmenschen Joshua des Christus werden uns helfen, den Egoismus abzulegen, der uns in unseren Hüllen gefangenhält.

P: Es ist, als blieben wir in unseren Hüllen stecken, solange unsere Persönlichkeit eingenommen ist von den fünf Sinnen, niederem Verlangen, ungezügelten Emotionen und den Gelüsten des Fleisches.

D: *Die Erweiterung des Bewußtseins und die Exosomatose* sind schwierig, solange fünfundneunzig Prozent des Bewußtseins eines Individuums sich mit materiellen Dingen und niederen Begierden befassen; »Wer von der Erde ist, der ist von der Erde« [Jh 3,31]. So sehr die Menschen auch nach der Exosomatose eifern - solange ihre Persönlichkeit an die materielle*

Welt gebunden ist, wird ihr Erfolg nur begrenzt sein, gefesselt an ihre materiellen Körper.

P: Und doch wird es uns eines Tages gelingen...

D: *Bestimmt! Die Raupe kann nur so lange im Kokon (der derzeitigen Persönlichkeit) bleiben, bis ihr dieses Quartier zu eng wird. Bald wird sie ihre Fühler ausstrecken und fliegen wollen (permanente Persönlichkeit). Das ist ein Naturgesetz, das unerbittliche Gesetz des Möglichkeitszyklus*. Wachstum ist unausweichlich, ganz gleich, wie sehr die Menschen ihren Kokon zu genießen scheinen; denn »nach diesem will ich meinen Geist ausgießen über alles Fleisch« [Jo 3,1].*

P: Und Christus sagt: »Ich gehe hin, euch die Stätte zu bereiten« [Jh 14,2]. Doch ich frage mich, ob nicht wir es sind, die für ihn einen Platz bereiten sollten in unseren Herzen und Sinnen?

D: *Er ist bereits da ... ja, sogar noch mehr: Er ist unser Herz und Sinnen.*

Wie also trägt dann unser Tun zu diesem großen Werk bei? Nimm zum Beispiel unsere am meisten geschätzte Übung, die tägliche Innenschau. Wenn wir - und ich meine: wir alle - uns der Innenschau widmen, werden wir mit zunehmender Klarheit erkennen, wann wir aus Eigeninteresse handeln (und uns selbst und anderen schaden), und wann wir von Tugend und Grundsätzlichem geleitet sind. Andere Übungen helfen uns, destruktive Elementale innerhalb unserer Persönlichkeit zu identifizieren und sie nach und nach durch belebende Elementale zu ersetzen.

P: Matthäus schreibt in seinem Evangelium: »Ist nicht, wie das Innere beschaffen ist, auch das Äußere beschaffen? Würdest du dein Inneres reinigen, nicht nur dein Äußeres, so wärst du ganz rein.« [Mt 23,26] Angesichts dieser Aufforderung scheint unsere erste Aufgabe - noch bevor wir danach streben, irgend welche psychonoetischen Fähigkeiten zu entwickeln - darin zu bestehen, unsere bereits vorhandenen Wünsche, Emotionen und Gedanken in Ordnung zu bringen.

D: *Es ist eine überaus gefährliche Situation, wenn unbeherrschter Hunger nach psychischen Erfahrungen einen Sucher drängt, sich in starken Übungen zu versuchen, bevor er in seiner Persönlichkeit die notwendige Grundlage geschaffen hat, um die daraus erwachsenden Erfahrungen zu verarbeiten. Wenn ein emotionell unreifer Sucher gewisse ätherische Zentren* (Sanskrit: Chakren) öffnet und weder die Möglichkeit noch die Stärke besitzt, sich selbst wieder zu finden, ist der Schaden oft irreparabel. Wir müssen eine stabile Grundlage haben und in Liebe und Glauben* wurzeln. »So die Wurzel heilig ist, so sind auch die Zweige heilig.« [Rö 11,16]*

P: Läßt du dich auf eine Auseinandersetzung mit Menschen aus der westlichen Welt ein, die sich in gewissen östlichen Praktiken üben?

D: *Ich habe viele, viel zu viele gesehen, die zu mir kamen, nachdem sie östliche Atemtechniken praktiziert hatten; ihr Nervensystem war erschüttert durch den aggressiven Eingriff in die Energiezentren und die Mißachtung der feinen, behutsamen Arbeit der Erzengel*. Wir sollten uns ständig vor Augen halten, daß es kein Zufall ist, wo wir geboren wurden. Menschen werden im Osten geboren, um bestimmte Lektionen zu lernen - so wie wir unseren Lektionen im Westen begegnen. Wir alle kommen mit einer psychonoetischen Konstitution auf die Welt, die uns bestimmte Praktiken nahelegt und uns von anderen fernhält. So werden wir im Westen beispielsweise in dem Glauben erzogen, unsere Persönlichkeit sei recht unabhängig von anderen, während das Ichgefühl im Osten eher ein gemeinschaftliches ist und sich weniger auf das Einzelne richtet.*

Ein weiterer Punkt, der unsere Arbeit von der im Osten unterscheidet, ist unser Umgang mit dem »niederen Selbst«, *das wir derzeitige Persönlichkeit nennen. Viele östliche Schulen verfolgen die Tendenz, das niedere Selbst auszulöschen und danach in einer Art leerem Raum zu existieren, dem »Nicht-Selbst«. Wir hingegen sehen die Seele latent in der derzeitigen Persönlichkeit. Wir arbeiten dahin, die niederen Ausdrucksformen des Selbst in eine geeinte, individuierte Selbstheit* zu erheben. Während östliche Lehren offenbar verlangen, in einem Zustand der Leere zu leben, streben wir nach einem Zustand der Fülle, die alles umfaßt. Wenn wir nicht alle Aspekte der Selbstheit würdigen, werden wir nirgendwohin gelangen.*

Unsere psychonoetische Physiologie ist sozusagen außerstande, mit vielen der östlichen Praktiken umzugehen.

P: Aber manche haben es vielleicht sehr eilig - ?

D: *Zu diesen sagte Christus: »Als ich über Irdisches sprach, wolltet ihr nicht vertrauen. Wenn ich über Himmlisches spräche - wie könntet ihr vertrauen?« [Jh 3,12] Das schlimmste Gift für das spirituelle Wachstum ist, es eilig zu haben. Geduld und Mäßigung gelten als Regel; die Arbeit besteht aus der Umwandlung aller unserer fehlgeleiteten Gedanken und Taten. Das ist die wertvollste Arbeit. Später werden wir größere Wahrheiten erforschen. Alles zu seiner Zeit.*

Die an der Wahrheit Interessierten sind also vornehmlich verpflichtet, alles was erlaubt ist, über die den Menschen gegebenen Körper zu lernen. Mit der Hilfe der Erzengel müssen wir unsere ätherischen Doppel* zu meistern lernen und die ätherische Vitalität* (in den vier Formen: empfindungsgebender, prägender, kinetischer und schöpferischer Äther*) kontrollieren, um in unserer psychonoetischen Entwicklung von ihr Gebrauch zu machen und unsere eigene sowie die Gesundheit der anderen aufrechtzuerhalten.

P: Würdest du in bezug auf die im folgenden zusammengestellten Übungen sagen, daß Schüler der Psychotherapie* und ausübende Psychotherapeuten von einer bestimmten Richtung der Arbeit profitieren würden?

D: *Jene, denen an der körperlichen und psychischen Gesundheit anderer gelegen ist, werden bald sehen, daß gewisse Übungen hilfreich für ihre Arbeit sind. Als Wahrheitsforscher sagen wir jedoch, daß Psychotherapeuten alle ihre Fähigkeiten gleichermaßen zu entwickeln haben. Deshalb ermutigen wir sie, in allen Bereichen, theoretischen und praktischen, zu arbeiten, um in ihren Berufen immer tüchtiger zu werden. Psychotherapeuten streben nach Lösung und Wachstum - befassen wir uns nicht alle mit dieser Arbeit?*

P: Wenn die Arbeit an der derzeitigen Persönlichkeit gewissermaßen der mikrokosmische Bereich ist - könntest du etwas mehr über die Natur der mesokosmischen Arbeit sprechen?

D: *Wir müssen mit unseren Begriffen vorsichtig sein, denn sie sind durch zeit-örtliche Gegebenheiten begrenzt. Erinnere dich: Joshua Immanuel der Christus spricht vom »Reich der Himmel im Inneren«. Wir können unsere Wahrheitsforschung nicht aufspalten in einen Teil, der innerhalb der Persönlichkeit stattfindet, und einen anderen, der außerhalb durchgeführt wird. Wie oben, so unten. Alles, was wir außerhalb unserer selbst erforschen - göttliche Gesetze*, Prinzipien*, Urbilder*, Ursachen* und die Himmel - gehört in Wirklichkeit zu unserer höheren Natur.*

Gleichwohl ist es notwendig, daß wir vorläufig in relativen Begriffen sprechen. Unter der sogenannten mesokosmischen Arbeit verstehen wir eine Erforschung der Allweisheit, All-Liebe* und Allmacht in den Welten; sie führt uns zu selbstbewußter und verantwortungsvoller Teilnahme am göttlichen Plan. Dabei erwacht in der Persönlichkeit eine Achtung vor allem Leben, eine Achtung vor sich selbst und den anderen. Zu den mesokosmischen Aufgaben gehört unsere Arbeit an den ätherischen Doppeln zur Gesundung und Heilung. Hierzu *arbeiten wir mit gelenkten Elementalen für den Aufbau von Lichtkugeln und beginnen mit unserer Einstimmung auf Gegenstände und Formen* innerhalb der materiellen, psychischen und noetischen Welten. Wir werden staunen über die unermeßliche Weisheit der absoluten Seinsheit.*

P: In deiner Arbeit scheinst du die materielle Welt nicht geringzuachten. Manche Schulen und Lehren im Osten, aber auch viele im Westen, betrachten die materielle Welt als eine Illusion, Maya (Sanskrit), der es zu entrinnen, die es zu überwinden, von der es sich zu lösen gelte.

D: *Glaubst du, daß die absolute Seinsheit in ihrer unendlichen Weisheit die Schöpfung der materiellen Welt zuließe, wenn sie keinen Wert hätte? Meinst du, daß die Erzengel unermüdlich daran arbeiten würden, um das materielle Universum und den Planeten aufzubauen, zu erhalten und in Harmonie zu bewahren, wenn diese nicht das Zuhause für das Phänomen* des Lebens sein sollten? Unser materieller Körper gehört zur materiellen Welt, wie unser psychischer Körper der psychischen Welt angehört. Es ist eine große Ehre, an dieser herrlichen Erde teilzuhaben, denn dies ist »nichts anderes denn Gottes Haus, und hier ist die Pforte des Himmels« [1Mo 28,17]. Das Fleisch, zuweilen wohl schwer, und die Erde sind geheiligt. Dieses Paradies auf irgendeine Weise zu entwürdigen, ist ein Jammer, denn »der Ort, auf dem du stehst, ist heiliges Land« [2Mo 3,5].*

P: Trifft es zu, daß unsere materiellen Körper die Weisheit der Erde teilen?

D: *Die Weisheit, Liebe und Macht der Materie. Erinnere dich: Die absolute Seinsheit ist alles und in allem.*

Wir wissen von größeren Wirklichkeiten in den höheren Welten, und höchsten Wirklichkeiten jenseits der Welten der Getrenntheit*. Aber jetzt sind wir hier, und die Welt ist ein Paradies, in und aus dem wir viel, viel lernen können. Allein die Herrlichkeit des menschlichen Körpers und der Himmels-

körper übersteigen das Fassungsvermögen von Ärzten und Wissenschaftlern. Wir dürfen die Materie nicht geringschätzen, sondern sollten sie achten und auf rechte Weise gebrauchen.

Könnte es eine bessere Schule geben als die materielle Welt? Wenn wir alle unsere Prüfungen und Drangsale recht verstehen, unsere Lehren aus ihnen ziehen und uns von irdischen Freuden und Triumphen nicht zu sehr fesseln lassen, dann gibt es hier viel zu lernen. Eine vollendete Schule bieten uns die Jahreszeiten und Gezeiten unseres Lebens, unsere verschiedenen Beziehungen, unsere persönlichen Kämpfe, unser Scheitern und Erfolg. Hier wirkt der göttliche Plan.

P: Würdest du etwas über die Bindungslosigkeit (Detachment) sagen?

D: *Die innere Bindungslosigkeit (Detachment), wie wir sie verstehen, bedeutet, daß nichts über- oder unterbewertet wird. Anders ausgedrückt, alles hat seinen Platz. Es gilt zu vermeiden, sich in materielle Güter und Ziele zu verstricken und über die Maßen von ihnen abhängig zu werden - doch auch umgekehrt: Wir sollen nicht nur die höheren Welten schätzen!*

Wir stehen grundsätzlich im Widerspruch zu jeder in die westliche Welt übernommenen Schule oder Lehre, die eine Kluft zwischen dem Weltlichen und dem Göttlichen erschafft und eine Trennung zwischen einem meditativen Zustand und einem normalen Wachzustand sieht. Die Welt der Natur zu verneinen oder den niederen Körper, der ihr angehört, dient weder der Gesundheit, noch entspringt es der Achtung.

P: Daraus schließe ich, daß du weniger angetan bist von Schulen und Lehren, die mehrstündige, tägliche Meditationszeiten verlangen und Retreats, die Monate, sogar Jahre dauern?

D: *In gewissen Traditionen mag solches angebracht sein, aber als Christen glauben wir an das Dienen - nicht daran, uns vor* unseren Mitmenschen zurückzuziehen, die vielleicht unserer Hilfe bedürfen. Wir betonen die Teilnahme an der Welt, aber nicht die Versklavung an sie. Denn, wie Joshua sagte, ihr seid »nicht von der Welt, wie denn auch ich nicht von der Welt bin.« [Jh 17,16]

Wenn man von Zeit zu Zeit die Gelegenheit hat, einige Tage in den Bergen oder am Meer zu verbringen in Meditation und Kontemplation, ist das höchst erquickend und empfehlenswert. Wir verbringen zu wenig Zeit in der Natur und viel zuwenig Zeit in der Stille. Es ist gut, hin und wieder dem Chaos zu entfliehen, aber wir müssen auch arbeiten.

P: Was ist ein geeignetes Maß für die Meditation?

D: Laß es mich so formulieren: Angenommen, du hast einen Sämling. Du stellst ihn an einen sonnigen Platz und gibst ihm jeden Tag etwas Wasser: Er wird von sich aus wachsen. Aber wenn du beschließt, ihn in die heiße Mittagssonne zu stellen oder ihn so stark zu gießen, daß seine Wurzeln ertrinken, wird er gewiß welken und sterben. Durch zuviel Üben kommt die Gefahr des »Übermeditierens«, bei dem eine extreme Trennung zwischen den Zeiten der Meditation und unserem normalen Wachzustand entsteht. Wir befürworten Meditationszeiten von nur etwa fünfzehn Minuten, zwei- oder dreimal am Tag. Ich habe viele, zu viele Menschen gesehen, die ihrem Nervensystem durch exzessives Meditieren großen Schaden zugefügt haben. Wir sind in der Welt und müssen klug mit ihr zusammenarbeiten.

P: Paulus schreibt im Römerbrief: »Das Unsichtbare an ihm wird ja als Begreifbares seit Weltschöpfung an den Werken eingesehen: nämlich seine ewige Kraft und Göttlichkeit.« [Rö 1,20]

D: Wohl gesagt. Eine der wertvollsten Übungen, die wir unterrichten, ist die Erforschung der Möglichkeitszyklen, die jeder Form zugeteilt sind. Denn wenn wir den einzelnen Lebenslauf des Kleinsten in der Natur verstehen, werden wir ein Zeugnis des Größten darin erkennen. Wir sollten alle Phänomene des Lebens studieren, um unser Verständnis und unsere Erfahrung zu erweitern. Diese überaus aufbauende Arbeit nimmt Jahrhunderte in Anspruch.

P: Unser Studium der Möglichkeitszyklen - der »Hände« hinter dem Bildhauer - führt uns naturgemäß zu einer Untersuchung des Makrokosmos.

D: Ja, wenn wir nämlich verstehen, daß die Formen aller Dinge einen Herzschlag und Stoffwechsel in sich haben - den Möglichkeitszyklus - kommen wir den Ursachen näher. Das ist unsere Aufgabe, und das ist das eigentliche Leben: näher an unsere Ursache zu gelangen, an unseren Ursprung.

Übung und Meditation auf höheren Ebenen bedeuten, die Ursachen, Prinzipien, Urbilder und Gesetze zu erforschen, sich auf sie einzustimmen und schließlich mit ihnen vereint zu werden (Einswerdung). Jeder Möglichkeitszyklus entfaltet sich entsprechend den göttlichen Kräften All-Liebe, Allmacht und Allweisheit. Diese überaus vollkommenen Kräfte des Lebens sind in unserer Erzengel/Menschenform. Ekstase*, echte Ekstase, heißt, uns auf das Göttliche auszurichten.

P: Das alles erweckt Demut.

D: Demut erweckend, ja, demütigend für den Egoismus der derzeitigen Persönlichkeit, inspirierend jedoch für das Ich der permanenten Persönlichkeit.

P: Könntest du mehr sagen über das Einssein?

D: Einssein ist das große Ziel, die Sehnsucht nach Kommunion mit dem Göttlichen. Durch Umwandeln des Egoismus kann sich die Persönlichkeit auf alles einstellen - und das ist wichtig - wobei sie das zeitliche* Selbst vorübergehend aufhebt. Wenn wir im Laufe der Zeit und mit zunehmendem Bemühen in unserer Arbeit vorwärtsschreiten, werden wir die Fähigkeit

erwerben, unsere Natur mit der der Erzengel, der Jungfrau
Maria, und dem Christus-Logos* zu vereinen (griech. Christo-
enoaisthesia, d.h. Einssein mit Christus). Die Theose* ist der
Höhepunkt der Arbeit, auf dem die selbstgewahre Seele ihre
Einheit mit der absoluten Seinsheit erkennt. Ich sage »erkennt«, weil wir immer eins mit der absoluten Seinsheit sind;
nur Unwissenheit läßt uns eine Distanz zwischen Gott und
uns selbst empfinden. Eine solche Distanz aber gibt es nicht.

P: Die makrokosmische Meditation ist anscheinend mehr ein
Seinszustand als eine Beschäftigung oder Übung. Ich denke,
wir sprechen hier nicht mehr über Zeiten und Zustände der
Meditation, sondern von einer vollständigen Transformation
des Selbst?

D: Paulus fordert uns auf: »Betet ohne Unterlaß.« [1Th 5,17]
Wir sollten immer Ehrfurcht vor dem Leben empfinden, uns
unseres Platzes im göttlichen Plan gewahr sein und in Gott
leben, das bedeutet, wie Yohannan sagt, »in der Liebe« [1Jh
4,16]. Liebe ist nicht etwas, das man nur am Sonntag morgen
tut oder empfindet. Sie ist ständige und ewige Wahrheit. Liebe
ist jeder von uns in der gemeinsamen Selbstheit*.

P: Der gemeinsamen Selbstheit?

D: Jeder von uns ist ein Logos, und zusammen sind wir vereint
im Christus-Logos. Dies bedeutet, daß jeder von uns tatsächlich Teil eines einzigen Körpers ist. Diese Einheit besteht auf
allen Ebenen - der noetischen, der psychischen und auch der
physischen - und heute weiß auch die Molekularbiologie, daß
ein ständiger Austausch von Materie zwischen uns stattfindet.
Selbst mit der dichten, grobstofflichen Materie verbindet uns
ständiger Austausch. Kannst du dir das Wechselspiel mit den
weniger greifbaren Formen von Geist (Mind), mit Emotionen
und Gedanken vorstellen? Wir sind also nicht nur auf den
höheren Ebenen, sondern auch in den Welten der Getrenntheit
vereint.

Wenn wir einen anderen verletzen, verletzen wir uns selbst. Wenn in Afrika ein Kind verhungert, verhungert ein Teil von uns. Wenn irgendwo auf der Welt ein Kind in eine gesunde, liebevolle Familie geboren wird, wird ein Teil von uns geboren. Wenn in Bosnien ein Soldat fällt, stirbt auch ein Teil von uns. Wir sind sowohl der Angreifer als auch der Angegriffene. Das hat Christus gelehrt. Christus sprach von einem König, der sagte: »Nackt war ich - und ihr habt mich gewandet. Krank war ich - und ihr habt nach mir gesehen. Im Kerker war ich - und ihr seid zu mir gekommen.« *Verwirrt konnten sich die Angesprochenen ihrer guten Taten nicht entsinnen. Und Joshua der Christus, der König der Himmel, erklärte:* »So viel ihr nur einem dieser meiner geringsten Brüder getan - mir habt ihr es getan.« *[Mt 25, 36 u. 40] Das ist die gemeinsame Selbstheit. An einer anderen Stelle spricht Joshua:* »Ich bin der Weinstock, ihr seid die Reben.« *[Jh 15,5] Daß wir alle im Leib Christi einen gleichen Platz teilen, ist eine der tiefsten und größten Wahrheiten.*

P: Joshua fährt fort: »Ohne mich könnt ihr nichts tun.« [Jh 15,5] Ich fürchte, daß manche vor solch massiver christlicher Botschaft zurückschrecken. Christus sagt auch: »Niemand kommt zum Vater, denn durch mich.« [Jh 14,6]

D: *Was meinte Joshua, als er sagte:* »Ich bin der Weg, die Wahrheit und das Leben« *[Jh 14,6]? Was ist der Logos? Ist er nicht Liebe, Weisheit und Macht? Es ist eine heilige Dreiheit: die universelle, bedingungslose Liebe von oben, die Weisheit aus der Vereinigung von Herz und Sinn, und die Macht der Güte zur Überwindung der Schwachheit. Jenen, die* »Ohren haben, zu hören« *[Mk 4,23], sagte Christus: Jeder Mensch, der Einsicht, Liebe und Macht auf die rechte und göttliche Weise gebraucht, ist ein Christ - ob man ihn einen Buddhisten, einen Moslem oder Angehörigen eines anderen Glaubens nennt. Die Kirche hat diesen Punkt sehr mißverstanden. Joshua kommt, um uns freizumachen von Illusionen, nicht um uns zu unterdrücken. Wozu ist er gekommen? Er sagte selbst:* »*Ich bin gekommen, daß sie das Leben und volle Genüge haben sollen.*« *[Jh 10,10]*

P: Im Westen scheint die Praxis der Meditation von gewissen Kräften unterdrückt, wenn nicht gar erstickt worden zu sein.

D: *Dies war der Lauf der Dinge, aber laß es uns nicht als bedauerlich betrachten. Es ist so geschehen. Beklagenswert ist, daß so viele Menschen weiterhin das Bedürfnis empfinden, sich nach Osten zu wenden - nach Indien oder sonstwo - weil sie dort etwas zu finden meinen, das das Christentum nicht anzubieten habe. Oft kehren sie enttäuschter zurück, als sie ausgezogen waren. Das Christentum hat alles, und es gehört zu uns - es ist unsere Tradition; es gehört zu unserem Körper, zu unserem Fühlen und unserem Denken. Deshalb* »*trinke Wasser aus deiner eigenen Zisterne, und Flüsse aus deinem eigenen Brunnen.*« *[Spr 5,15]*

Die Kirche ist die Kirche, gebaut aus Stein und manchen alten Vorstellungen; sie spiegelt die Liebe des Gottmenschen in höherem oder geringerem Grade wider. Christus macht sich nichts daraus, wieviel Gold eine Kirche schmücken mag [Mt 23,16-19]. Seine Sorge gilt dem, was im Inneren des Tempels vorgeht. Die Kirche ist ein heiliger Ort, da sie einen geheiligten Bereich markiert, einen Ort der Andacht. Aber die wirkliche Kirche ist die menschliche Form mit den drei Körpern. Wir sind »*der Tempel Gottes*« *[1Ko 3,16). In uns, im Herzen eines jeden Menschen, ist das Allerheiligste, ein inneres Heiligtum. Dieser Tempel kann weder verunreinigt noch zerstört werden. Dahin gehe, und da flehe, bete und arbeite. Christus ist da, er erwartet dich.*

DIE SIEBEN VERSPRECHEN

Daskalos erfreut sich schon seit langem der Gemeinschaft eines Meisters auf der anderen Seite. Seit fast zweitausend Jahren ist er in ständiger Kommunikation mit Yohannan, mit dem er schon in der gesegneten Zeit Joshua Immanuels des Christus zusammen war.

In sehr jungen Jahren seiner derzeitigen Inkarnation erneuerte Daskalos seine Verbindung mit Yohannan. Dem Siebenjährigen schenkte Yohannan die sieben Versprechen, das Gelöbnis aller Wahrheitsforscher.

Die Versprechen bilden eine immerwährende Verpflichtung zum göttlichen Plan. Sie geben dem Aspiranten durch tägliche Meditation moralische Führung und helfen ihm, sich im Laufe der Zeit mehr und mehr auf die göttlichen Gesetze der Schöpfung einzustimmen.

ICH GELOBE MIR SELBST:

allezeit und allerorten der Absoluten Seinsheit zu dienen,
der ich aus ganzem Herzen zugehöre;

allezeit und allerorten bereit zu sein,
dem göttlichen Plan zu dienen;

die göttlichen Gaben von Gedanken und Wort
allezeit, allerorten und unter allen Umständen
wohl zu gebrauchen;

geduldig und ohne Klage mich allen Formen
von Prüfung und Drangsal zu fügen,
die das göttliche Gesetz in seiner unendlichen Weisheit
mir auferlegen mag;

meine Mitmenschen zu lieben und ihnen zu dienen,
aufrichtig und aus den Tiefen meines Herzens
und meiner Seele,
ganz gleich, wie sie sich mir gegenüber verhalten mögen;

täglich mich in die Absolute Seinsheit zu versenken
und in die Stille zu gehen mit dem Ziel,
meine Gedanken, Wünsche, Worte und Taten
ganz auf seinen göttlichen Willen einzustellen;

jeden Abend zu untersuchen und zu prüfen,
ob all meine Gedanken, Wünsche, Worte und Taten
in absoluter Harmonie mit dem göttlichen Gesetz stehen.

Wenn du dich ohne irgendeine Führung ins Meer wirfst, ist dies voller Gefahr, weil der Mensch Dinge, die in seinem Inneren emporsteigen, fehldeutet als solche, die anderswo emporsteigen. Wenn du hingegen in einem Schiff auf dem Meere reisest, ist dies gefährlich, weil du dich an das Fahrzeug haften könntest. Im einen Fall ist der Ausgang nicht bekannt, und es gibt keine Führung. Im andern Fall wird das Mittel zu einem Zweck, und es gibt kein Ankommen.

Niffari

Wenn sie euch nun führen und überantworten werden, so sorget nicht, was ihr reden sollt, und bedenkt euch nicht zuvor; sondern was euch zu derselbigen Stunde gegeben wird, das redet. Denn ihr seid's nicht, die da reden, sondern der heilige Geist.

Markus 13,11

DIE ESOTERISCHEN LEHREN

Ein christlicher Weg zur Wahrheit

Während Lehren als Theorie versuchen, den Bereich der Wahrheit darzulegen, die Wegweiser zu markieren und einen Pfad vorzuschlagen, sind Übungen und Meditationen ein Hilfsmittel, das Bewußtsein in höhere Sphären zu bringen.

Die Hauptarbeit jedoch besteht darin, unsere Persönlichkeit zu reinigen, damit wir klar sehen können, wo wir gerade stehen und wohin wir gehen. Erst nachdem das Individuum sich innerhalb seiner Persönlichkeit gefunden hat (was keine geringe Leistung ist), vermag es zu himmlischen Dingen weiterzugehen. Mit der Ausdehnung des Bewußtseins geht die Notwendigkeit einher, unser bewußtes Gewahrsein zu verfeinern und auszurichten.

Doch bei Beginn jeglicher Arbeit besteht immer die Gefahr, ihr Ende vorauszusehen oder sich dieses vorzustellen. Es ist eine elementare Wahrheit (und eine sehr menschliche Torheit): Je mehr wir unsere Vorstellungen, Begriffe und Erwartungen auf das vor uns Liegende richten, desto weniger vermögen wir die Dinge so zu sehen, wie sie tatsächlich sind. Selten kommen unsere Erwartungen dem Erleben nahe, und fast immer scheinen sie unseren Zugang zur wahren Natur der

Dinge zu beengen. Wir müssen Vorsicht walten lassen beim Ersinnen und Gestalten von Vorstellungen, da diese am Ende dazu neigen können, zu unserer Gestaltung beizutragen. Wie vermögen wir von dem Punkt, an dem wir jetzt stehen, zu ermessen und zu erkennen, was zu finden wir uns auf den Weg gemacht haben?

Wir haben das Glück, daß das Streben nach Wahrheit schon vielen am Herzen lag, die uns vorausgegangen sind. Weise, Meister, Propheten und Lehrer haben uns überall auf der Welt und in jeder Epoche große Schätze geschenkt. Jeder Weg und jede Religion spiegeln eine andere Facette des großen Brillanten der Wahrheit wider. So entstand ein gewaltiger Schatz schriftlicher und mündlicher Lehren, die der gemeinsamen, ewigen Wahrheit gewidmet sind. Alle haben unschätzbare Beiträge zu unserem wachsenden Verstehen der absoluten Seinsheit und des göttlichen Planes geleistet. »Ihre Wege sind liebliche Wege, und alle ihre Steige sind Friede.« [Spr 3,17]

Alle Wahrheitsforscher, Erzengel, Engel* und Halbgötter frohlockten, als Joshua Immanuel der Christus vor zweitausend Jahren in Palästina, in unsere Mitte geboren wurde. Joshua, der von der absoluten Seinsheit *direkt* zu uns kommt (im Unterschied zu allen menschlichen Meistern, die ihre Weisheit in aufeinanderfolgenden Inkarnationen erwarben), zeigte zum ersten Mal die direkte Führung von Gott. Was Joshua im Laufe seines kurzen Lebens im Fleische durch Taten und Worte lehrte, bleibt uns als die reinsten, unmittelbarsten göttlichen Unterweisungen erhalten. Als Menschensohn war er »Fleisch und Blut« der Wahrheit [Jh 6,33]. Christus als der Logos, der Sohn Gottes, ist das unauslöschliche Licht und das immerwährende Leben, »Brot und Wein« der Wahrheit [Jh 6,32]. Der Logos ist die ewige Natur des Menschen, die uns durch die sanfte und anhaltende Erhebung des Bewußtseins zur Vollendung treibt als »das wahrhaftige Licht, welches alle Menschen erleuchtet, die in diese Welt kommen« [Jh 1,9].

Unser Weg ist ein christlicher Weg, auf dem wir die Lehren Joshuas leben wollen. Wir glauben an die eine Wahrheit, den einen Gott, der religiöse Traditionen inspiriert - esoterische und exoterische, frühere und heutige. Unterschiedlich nur im Äußeren, ist das ewige menschliche Bemühen, das Göttliche widerzuspiegeln, geleitet von »demselbigen Geist« [1Ko12,9].

Das esoterische Christentum ist kein Privileg von wenigen, sondern eine getreue Widerspiegelung der Seele eines jeden von uns. Die Bedeutung des Begriffes esoterisch hat sich von ihren griechischen Wurzeln gelöst. Im Griechischen zeigt *esoteriko* Wissen an, das in uns zu finden ist, denn »es ist nichts verborgen, das nicht offenbar werde« [Lk 8,17]. Das innere Christentum, wie »das Verborgene seines Herzens offenbar« [1Ko 14,25], ist weniger eine Religion und mehr die wahre Natur des Lebens - ein klares, umfassendes und vollständiges Spiegelbild der Wahrheit. Laßt uns betrachten, was wir für wahr halten.

Absolute Seinsheit

Gott ist die Liebe, und wer in der Liebe bleibet,
der bleibet in Gott und Gott in ihm.
1. Johannes 4,16

Was *ist*, was immer *war* und was allezeit *sein wird*, ist die absolute unendliche Seinsheit, Gott der Vater, als die absolute unendliche Wirklichkeit. Von der absoluten unendlichen Seinsheit können wir aus der Perspektive des Menschen in der grobstofflichen Welt nur sehr wenig erspüren und kennenlernen. Was wir von Gott wissen, sehen wir als Widerspiegelung, die wir im Äußeren oder im Inneren erleben. Damit das Licht offenbar werden kann, muß es von einer Oberfläche reflektiert werden. Alle Welten um uns und in uns sind eine Reflexion der Wahrheit Gottes.

Die absolute Seinsheit ist vor allem die göttliche gemeinsame Selbstheit, das heißt das überbewußte Selbstgewahrsein
des Ganzen. Alle Wesen innerhalb der absoluten Seinsheit
sind Logoi, die diese göttliche Selbstheit als Gottwesen in Gott
zum Ausdruck bringen.

Liebe, Licht und Leben werden zur vornehmlichen Natur
der absoluten Seinsheit. Die Liebe Gottes ist universell, unaufhörlich, unpersönlich und bedingungslos. Die Liebe Gottes,
die sich als Gnade* ausdrückt, liegt der Schöpfung zugrunde.
Das Licht ist reine, leuchtende Selbstbewußtheit* und liegt im
Zentrum jedes Wesens. Immerwährendes Leben ist die ewige
Bewegung, Erzeugung und Erneuerung des Ausdrucks.

Zu den weiteren Charakteristika der absoluten Seinsheit
gehören Vielfalt*, Selbsterfüllung* und die Schaffensfreude*,
sich selbst in sich selbst als Schöpfung Ausdruck zu verleihen.

Wir wissen über die absolute Seinsheit, daß sie in ihrer Einheit vielgestalt ist. Innerhalb der absoluten Seinsheit - sowohl
in deren zum Ausdruck gebrachten als auch in dem noch nicht
ausgedrückten Zustand - sind der Christus-Logos und der Heilige Geist*, »und diese drei sind eins«, wie der Apostel Yohannan schreibt [1Jh 5,7]. Zur Vielfalt der absoluten Seinsheit
gehören darüber hinaus Myriaden und aber Myriaden selbstbewußter* logoischer Wesen. Die Menschheit, die Ränge der
Erzengel und andere selbstgewahre Wesenheiten sind heilige
Monaden* innerhalb des ewigen Körpers Gottes.

Die Selbsterfüllung der absoluten Seinsheit inspirierte
Meister Eckhart zu dem Wort: »Außerhalb Gottes gibt es nichts
anderes als nichts.« Die Allgegenwart der absoluten Seinsheit
bringt alles hervor, umfaßt alles, und alles wird bei der »Wie-
deraufrichtung aller Dinge« [Apg 3,21] sein. Es gibt nichts,
dessen Gott bedarf.

In unserem Bemühen, die Schaffensfreude des absoluten
Seins zu begreifen, erfahren wir, daß die Entstehung der

Schöpfung in einer göttlichen Meditation* stattfindet, in der
Gott sich in den göttlichen Plan vertieft, der Schöpfung wird.
Die Schaffensfreude Gottes gleicht einem kristallenen Prisma,
durch welches das große Licht strahlt und uns die Farben der
Erzengel-Ränge gibt. Gemäß der Schaffensfreude, der Allmacht, dem Allwissen und der All-Liebe der absoluten Seinsheit entfaltete sich der göttliche Plan, er entfaltet sich weiter
und wird sich im ewigen Jetzt* allezeit entfalten.

Die Universen (das Gefüge Gottes) ergießen sich in Raum
(ein Wesenszug Gottes). Der Logos, der Heilige Geist und
die heiligen Erzengel erbauen und unterhalten die Universen.
In unserem System unterscheiden wir sieben Himmel, in
denen höhere Aspekte des menschlichen Bewußtseins lernen
und in Selbstgewahrsein leben können. Es mag durchaus weitere geben. Die weniger faßbaren Himmel bezeichnen wir als
die Kausalebenen*, da sie den eher materiellen Universen
Definition und Ordnung geben. Die Ursachen, Prinzipien,
Gesetze und Urbilder der Schöpfung existieren hier in ihrem
archetypischen Zustand unter der Obhut der höchsten Erz-
engelränge.

Die Kausalebenen bringen den mentalen Zustand* hervor.
Hier gibt es unterschiedliche Formen nebeneinander und in
vollkommener Harmonie und Ordnung, wenn auch noch
ohne Ausdruck. Fortgeschrittenere Menschenwesen können
im mentalen Zustand allmählich Strukturen wahrnehmen.

Auf einer tieferen Stufe der Geistschwingung finden wir
nach dem mentalen Zustand die Welten der Getrenntheit; hier
nimmt zunächst die noetische Welt Gestalt an. In der noetischen Welt erkennen wir zum ersten Mal Formen in einer
Raum/Ort-Zeit-Umgebung - obwohl sie sich sehr unterscheiden von den Zuständen, die wir in der grobstofflichen Welt
gewohnt sind. Die noetische Welt ist die Welt der Gedanken
und umfaßt sieben Ebenen, jede von ihnen ist in sieben Zwischenebenen weiter unterteilt.

Auf der nächsttieferen Stufe der Geistschwingung befindet sich die Emotional- oder sogenannte psychische Welt. In diesem Universum unterscheiden wir ebenfalls sieben Ebenen mit je sieben Zwischenebenen. Wir alle erleben diese Ebenen allnächtlich im Traume oder selbstbewußt in der Exosomatose. Wie bereits auf den noetischen Ebenen, füllen die Farben auch in der psychischen Welt ein viel breiteres Spektrum als auf der grobstofflichen Ebene, und das Erleben von Zeit und Entfernung wird elastischer.

Im Alten Testament lesen wir, daß Gott sechs Tage gearbeitet habe, um die materielle Ebene zu erschaffen [vgl. 1Mo 1,1-31]; dabei sollten wir jeden Tag als eine ganze Epoche verstehen. Die Gestaltung der grobstofflichen Welt, des dichtesten aller Universen, bedurfte vieler Jahrtausende, bis ein geeignetes Zuhause bereitet war, ja ein herrliches Paradies, in dem Formen ihren Ausdruck finden.

Die drei Welten der Existenz bestehen ebenso mit- und ineinander wie unsere drei Körper. Die grobstoffliche Welt ist gebaut aus Geist (Mind) als ätherische Vitalität der Schwingungsfrequenzen von, sagen wir, 1 bis 10. Wenn 1 die ätherische Vitalität in ihrem dichtesten Zustand als feste Materie ist, dann entspricht 10 den eher gasförmigen Ausdrucksformen. Geist (Mind) als Substanz bildet die psychischen Welten und schwingt im Frequenzbereich zwischen 11 und 20. Geist (Mind) als Übersubstanz in den Frequenzen von 21 bis 30 bildet die noetischen Welten. Die Eigenschaften jeder Welt und unseres jeweiligen Körpers sind ihrem Wesen nach identisch. Übersubstanz, Substanz und ätherische Vitalität äußern die vier Elemente (Feuer, Wasser, Erde und Luft) und die verschiedenen Äther (empfindungsgebender, kinetischer, schöpferischer und prägender Äther); dabei unterscheiden sie sich nur in der Frequenz. Die ätherischeren Welten durchdringen die grobstoffliche Welt, und »Pforten« zu einem selbstbewußten Bewegen in diesen feineren Welten erschließen sich als Ergebnis aufrichtigen Übens.

Die Universen und alle Existenzen sind aus Geist (Mind) erbaut. Zur Erfüllung des göttlichen Planes strömt Geist (Mind) aus der absoluten Seinsheit und allen selbstgewahren Wesenheiten hervor. Geist (Mind) ist nicht göttlich, aber er ist heilig, weil er ewiglich gebraucht wird und von der Güte und Reinheit Gottes durchdrungen ist. Geist (Mind) ist keine Gott- oder Wesenheit und deshalb kein unsterblicher Teil Gottes. Seine Natur und Aufgabe ist es also, der Schaffensfreude Gottes zu dienen.

Ein Geist-Seelen-Ich im Ausdruck wird »Weide finden« im Reich der Himmel und »ein- und ausgehen«, dabei bewegt es sich zwischen den Universen, inkarniert und reinkarniert [vgl. Jh 10,9].

Die Erzengel der Elemente

Und der Engel sprach zu ihnen: Fürchtet euch nicht;
siehe, ich verkündige euch große Freude,
die allem Volk widerfahren wird.

Lukas 2,10

Er wird befehlen seinen Engeln von dir,
daß sie dich bewahren und auf den Händen tragen,
auf daß du nicht etwa deinen Fuß an einen Stein stoßest.

Lukas 4,10-11

Die Erzengel sind logoische und heilig-geistige Wesen, die die Universen erbauen, überwachen und sich in diese hinaus projizieren. Innerhalb der absoluten Seinsheit gibt es unterschiedliche Ränge von Erzengeln, heilig-monadischen Wesenheiten, und jeder Rang umfaßt Myriaden und aber Myriaden von Wesen des gleichen Typs.

Wir wissen um die Existenz von zwölf Erzengel-Rängen: Throne, Gewalten, Herrschaften, Fürsten, Mächte, Seraphim, Cherubim und andere, namentlich bekannte und unbekannte.

Keiner hat jemals im Detail über die Schwingungsart der Erzengel gesprochen, die zu den höheren Rängen der Erzengel gehören. Nur wenige sind diesen Rängen nahe genug gekommen, um sich auf sie einzustimmen. Die menschliche Sprache erweist sich auf jeden Fall als ungeeignet, ihre Herrlichkeit zu beschreiben.

Wenn ein Menschenwesen in die Welten der Getrenntheit hinabsteigt, wird es von seinem Schutzerzengel* vom Rang der Throne begleitet. Auch wenn wir uns seiner Gegenwart nicht bewußt sind, behütet uns unser Schutzerzengel, mit dem wir zu einem Ich geworden sind, unentwegt.

Diese Erzengel erscheinen in allen Religionen des Ostens und des Westens und in den meisten theosophischen und esoterischen Lehren als Messiasse, Gottesboten, Halbgötter, Devas und ähnliche. Erzengel kennen die Buddhisten und Hindus, und sie waren schon den Azteken und den Ägyptern in der Antike vertraut. Auch wenn ihre Gestalt und Namen wechseln, sind doch ihre Pflichten, Verantwortlichkeiten und Kräfte universell und identisch.

Die Erzengel der Elemente interessieren uns bei unserem Forschen und Meditieren, da sie aufs engste mit unserem Wohlbefinden und Vorankommen verbunden sind. Ihre Namen sind nicht menschlichen Ursprungs, sondern vielmehr die Resonanz der Schwingung jedes Ranges.

Die »Michaels« ist die Bezeichnung eines Ranges; *Ma-Ha-El* heißt »Der große Gott«. Im Sanskrit bedeutet *Maha* »groß«, und *El* steht für Gott (wie auch im Altägyptischen und Hebräischen). Dementsprechend finden wir die Endsilbe *-el* in allen Erzengelnamen. Michael ist der Erzengel von Licht und Feuer, sein Licht ist rot (alle Rottöne).

Weiter gibt es den Erzengel Gabriel, oder in der altägyptischen Aussprache *Kha-Vir-El*. *Ga* oder *Kha* bezeichnet Verlangen, Gefühl und Liebe im Ausdruck. *Bir* oder *Vir* bezeichnet

Element. Gabriels himmelblaues Licht umfaßt viele verschiedene Schattierungen; er ist der Herrscher über das Wasser und alle Flüssigkeiten, sie bilden drei Viertel unseres Planeten. Gabriel ist der Verwalter des ganzen physischen Reiches.

Als nächstes sei Raphael erwähnt. Im Altägyptischen steht *Ra* für die Sonne und *Fa* für Schwingung: *Ra-Fa-El* = »Sonne-Schwingung-Gott«. Raphael, der Erzengel der Energie, ist an den verschiedenen Violett-Tönen zu erkennen: Diese Farbe entsteht aus der Mischung von Rot (Michael) und Blau (Gabriel) und paßt damit zu der Rolle Raphaels als Mitarbeiter von Michael und Gabriel. Der ganze Erdenplanet ist die Domäne Raphaels, denn dieser beherrscht die elektromagnetischen Kräfte, die wir ätherische Vitalität nennen.

Uriel koordiniert das Werk aller Erzengel innerhalb des grobstofflichen Körpers, unsere ägyptischen Ahnen nannten ihn *U-Ra-El. U* steht für Raum, *Ra* für die Sonne: »Raum-Sonne-Gott«. Als große, substanz-harmonisierende Kraft hält Uriel das Gesetz von Ordnung und Harmonie in und zwischen allen Körpern aufrecht. Silbrig-weiß ist die Farbe, die Uriel repräsentiert.

Das Phänomen des Lebens in allen Reichen ist das Werk der Erzengel der Elemente.

Wenn ein Menschenwesen sich in die niedrigen Welten verkörpert, geschieht dies mit Hilfe eines Erzengels aus jedem Rang der Elemente. Somit wirken in den Körpern eines jeden Menschenwesens ein Michael, ein Gabriel, ein Raphael, ein Uriel und ein Shamael. Shamael, der Engel der Erde, ist selbst kein Erzengel, sondern die Elementalprojektion Luzifers, des Erzengels des Lichts und des Hüters der Dualität.

Laßt uns nun betrachten, wie die Erzengel unserem materiellen Körper dienen. Shamael, der Engel der Erde und Minerale, versorgt uns in ständiger Zusammenarbeit mit den Erzengeln mit dem Material für unsere Knochen, Muskeln und Körperorgane. Michael schenkt uns Körperwärme über das reiche, rote Blut. Gabriel gibt uns die verschiedenen Körperflüssigkeiten. Raphael liefert uns ätherische Vitalität und spielt eine unschätzbare Rolle bei der Erhaltung unserer Gesundheit. In der Nacht, während unsere Körper ruhen, sind die Erzengel an der Arbeit, um im Dienste unserer Gesundheit Schäden zu beheben und die Harmonie wiederherzustellen.

Tadellos wie ihre Bemühungen in unserem materiellen Körper sind die Leistungen der Erzengel auch bei Aufbau und Erhaltung unseres psychischen und noetischen Körpers und deren ätherischer Doppel. Auf ähnliche Weise arbeiten die Erzengel in allen Universen.

Wir müssen lernen, mit den Erzengeln der Elemente zur Erhaltung von Gesundheit und Wohlbefinden selbstbewußt zusammenzuarbeiten und bewußt von ihrer Weisheit und Liebe zu schöpfen. Übungen und Meditationen werden uns helfen, die Wahrnehmung für die Erzengel-Ränge zu entwickeln.

Das Menschsein

· Und Gott sprach: Lasset uns Menschen machen, ein Bild, das uns gleich sei.

1. Moses 1,26

Ihr sollt meine Söhne und Töchter sein, spricht der allmächtige Herr.

2. Korinther 6,18

Bevor er durch das Urbild des Menschen geht, ist der Mensch ein Erzengel innerhalb der Ränge der Erzengel. Vor ihrem Ausdruck, noch als heilige Monaden, unterscheiden sich ein Menschenwesen und ein Erzengelwesen kaum voneinander. Später jedoch, wenn sie zurückkehren, um in die absolute Seinsheit einzugehen, ist der Unterschied groß. Erzengel können in keiner ihrer Ausdrucksformen zur Selbst-Überbewußtheit* gelangen, denn ihr Sein ist im ewigen Jetzt. Sie werden zwar mit unterschiedlichen Erfahrungen konfrontiert, vermögen jedoch keine Vergleiche anzustellen. Ein Erzengel des Feuers beispielsweise gebraucht dieses Element mit Allweisheit, ohne dabei jedoch die Emotionen und Gedanken zu kennen, die durch die Anwesenheit seines Elements ausgelöst werden. Menschenwesen hingegen sind als »verlorene« Kinder [vgl. Lk 15,11-32] ganz der Dualität - den Welten der Getrenntheit - und ihren Raum/Ort-Zeit-Eindrücken ausgesetzt und sind dadurch in der Lage, einen wachen Sinn individuierter Selbstbewußtheit zu entwickeln. Diese Gegebenheiten inspirierten Paramahansa Yogananda zu den Worten: »Die menschliche Form ist höher als die Engelform. Der Mensch ist das höchste Wesen in der Schöpfung, weil er der Freiheit zustrebt.«

Nach der Passage durch das Urbild des Erzengelmenschen geht ein Strahl des göttlichen Geistes weiter durch das Urbild des Himmelsmenschen*, um nach dem Gesetz des Urbilds des Menschen Gestaltung zu erfahren. In diesem Augenblick nimmt er seine eigene, separate Strahlung innerhalb der absoluten Seinsheit an. Ein kleiner Strahl unseres Geist-Ich-Wesens* tritt nun als selbstgewahre Seele in einen eigenen Bereich von Allweisheit, Allmacht und All-Liebe ein. Damit haben wir zwei Grundpfeiler für das innere Selbst: das heilig-monadische Selbst innerhalb der absoluten Seinsheit und seine Emanation, die durch den Himmelsmenschen geht, um die Form der selbstgewahren Seele zu empfangen. Wir sehen, wie unser heilig-monadisches Selbst eine von derjenigen der Erzengel eigenständige Existenz annimmt.

Die selbstgewahre Seele, aus göttlichem Geist geformt, beginnt nun, sich Ausdruck zu verleihen. Da sie aus unzerstörbarem göttlichem Geist besteht, ist sie selbsterfüllt und allwissend. Alle Seelen haben die gleiche Leuchtkraft. Eine Seele kann niemals auf irgendeine Weise verletzt oder geschwächt werden, deshalb »fürchtet euch nicht vor denen, die den Leib töten, und die Seele nicht zu töten vermögen.« [Mt 10,28] Es ist die Seele, die den Menschen von anderen Wesen unterscheidet, denn Erzengel brauchen keine Seele, da sie zu einem gemeinsamen Rang gehören. Es ist die Seele, die die göttliche Individuation jedes menschlichen Geist-Seelen-Ichs birgt, wenn wir zum Vater zurückkehren. Die Seele ist gewissermaßen der Schoß für die Selbst-Überbewußtheit.

Wie das Geist-Ich-Wesen die selbstgewahre Seele hervorbringt, so gibt die Seele Leben in ihre eigene Projektion. Diese Projektion bezeichnen wir als unsere permanente Persönlichkeit. Sie steigt herab in die Welten der Erfahrungen, nimmt ihre eigene Färbung an und gestaltet ihre eigenen Projektionen. Solange sie in den Welten von Raum/Ort-Zeit verweilt, nimmt sie viele Namen an, zieht viele derzeitige Persönlichkeiten an und drückt sich in diesen Welten auf mannigfache Weise aus.

Individuierte Selbstheit

Selbst wenn du hundert Knoten bindest - die Schnur bleibt eine.

Rumi

Niemand zündet ein Licht an und setzt es an einen heimlichen Ort,
auch nicht unter einen Scheffel, sondern auf den Leuchter,
auf daß, wer hineingeht, das Licht sehe.

Lukas 11,33

Entsprechend den sieben Universen der Schöpfung gibt es Schleier, die das Geist-Seelen-Ich während seines Aufenthalts kleiden. Nähere Betrachtung führt zu dem Schluß, daß die menschliche Form nicht so sehr das Reich der Himmel in sich birgt, sondern vielmehr das Reich der Himmel *ist*. Wenn du dies erkennst, verstehst du, daß der Reisende die Reise ist, der Suchende das Gesuchte. Und wenn du nach dem Reich der Himmel trachtest, sollen dir »alle Dinge hinzugegeben werden« [Lk 12,31].

Menschenwesen, die die höchste Stufe erreicht haben, geben der göttlichen Liebe, den Ursachen, Prinzipien und Gesetzen der Schöpfung Ausdruck. In den niedrigeren, verdichteteren Zuständen als Körper äußern sie Denken (noetisch) und Fühlen (psychisch) in den Welten der Getrenntheit. Unser grobstofflicher Körper - ein kleiner Teil der Selbstheit, als deren Ganzes er oft mißverstanden wird - gehört zur materiellen Ebene.

Unsere psychischen und noetischen Körper sind uns als amorphe Massen gegeben, die wir zu verfeinerten Körpern läutern und gestalten müssen, durch die wir unbehindert leben können. Die meisten von uns lassen zu, daß ihre Gefühle und Überzeugungen die Persönlichkeit beherrschen, dabei ist es doch die Persönlichkeit, die Inhalte und Zusammensetzung ihrer psychischen und noetischen Körper bestimmen muß. Paulus erinnert uns:»Hat der Töpfer nicht Vollmacht über den Ton?« [Rö 9,21]

Nach dem Hinübergang von der materiellen Ebene leben wir weiter in der psychischen und später in der noetischen Welt, bevor wir erneut in die grobstoffliche Ebene inkarnieren. Verwurzelt, gefangen in eine kleine zeitliche Persönlichkeit*, nehmen die meisten gar nicht wahr, daß sie auf die andere Seite hinübergegangen sind, und leben weiter auf die gleiche, beschränkte Weise wie auf Erden. Die Früchte aus der Arbeit am selbstbewußten Aufbau unserer psychischen und noetischen Ausdrucksform ernten wir im Jenseits. »Wahrlich, ich sage euch,« warnt Joshua, »was ihr auf Erden binden werdet, soll auch im Himmel gebunden sein; und was ihr auf Erden lösen werdet, soll auch im Himmel gelöst sein.« [Mt 18,18]

Die Selbstheit eines jeden geht aus von seinem Selbst als einem Geist-Ich-Wesen (unserem unausgedrückten, heiligmonadischen Selbst), bleibt im Einssein mit der absoluten Seinsheit, und reicht hinab zu der oft widerstreitenden zeitlichen Persönlichkeit. Jenen, die sich fragen, ob es unsere Entscheidung war, die Heimat zu verlassen, empfehlen wir, die Parabel vom verlorenen Sohn [Lk 15,11-32] zu lesen; hier wird des Sohnes Entscheidung, sein Vaterhaus zu verlassen, genau geschildert. In diesem Punkt herrscht freier Wille.

Es ist die zentrale Aufgabe jeder Seele, das Selbst - nach dessen bereicherndem Weg durch die Inkarnationszyklen - in der Theose zum einigen Selbst wiederzuvereinen.

Die individuierte Selbstheit ist Ursprung ihrer verschiedenartigen Ausdrucksformen nach dem »Bilde« der absoluten Seinsheit [vgl. 1Mo 1,27]:

Erstens haben wir Selbsterfüllung: Wie die absolute Seinsheit ohne jegliche Bedürfnisse ist, enthalten wir alles in uns: »Das Reich der Himmel ist in euch.« Es ermangelt uns an nichts, und wir brauchen nichts, das wir nicht bereits besitzen.

Zweitens können wir uns als heilige Monaden selbstbewußt innerhalb unseres eigenen Universums und innerhalb unserer eigenen Selbstheit Ausdruck verleihen. Auf ähnliche Weise drückt der Logos sein Selbst makrokosmisch innerhalb seiner Universen als gemeinsame Selbstheit aus.

Drittens haben wir die Kraft, Geistsubstanz zu Gedanken und Gefühlen zu gestalten und uns selbst als Liebe auszudrükken. Wenn wir uns als würdige Empfänger erweisen, wird uns auch die Gabe zuerkannt, Geist-Übersubstanz, den Träger des Lebens, nicht nur zu gestalten, sondern auch auszuströmen.

Viertens sind wir gesegnet mit der Gabe und Verantwortung zur Fortpflanzung und zur Fürsorge für andere inkarnierte Seelen. Auf diese Weise sind wir Mitschöpfer im göttlichen Plan, gemeinsam mit dem Heiligen Geist, den heiligen Erzengeln und dem Christus-Logos.

Die individuierte Selbstheit umfaßt vier unterscheidbare Ausdrucksformen:

Geist-Ich-Wesen: Dies ist unser wirkliches Selbst, im Einssein mit der Vielfalt und der Selbsterfüllung der absoluten Seinsheit. Das Geist-Ich-Wesen projiziert einen Strahl in die Schöpfung. Die Schaffensfreude der absoluten Seinsheit, sich selbst in sich selbst auszudrücken, ist identisch mit der Schaffensfreude des Geist-Ich-Wesens, sich selbst in sich selbst Ausdruck zu geben. Das Geist-Ich-Wesen ist genaugenommen nicht eine Ausdrucksform der Selbstheit, sondern vielmehr ein Schöpfer der Selbstheit.

Selbstgewahre Seele: Wir werden in dem Augenblick eine selbstgewahre Seele, in dem ein Strahl des Geist-Ich-Wesens durch das Urbild des Menschen geht; an diesem Punkt verstehen wir unser Selbst als etwas Vollständiges, wenn auch scheinbar vom Ganzen Getrenntes. Die selbstgewahre Seele ist mit ihren Projektionen sowohl Seinsheit als auch Existenz. Seinsheit, unsere wirkliche Natur, ist der göttliche, permanente Punkt. Das andere Ende des Kontinuums ist der Punkt der Existenz; er taucht in die Welten der Erfahrungen und Entwicklungen ein.

Permanente Persönlichkeit: Von manchen auch als »die Füße der Seele« bezeichnet, ist die permanente Persönlichkeit ein Ausdruck von und eins mit der selbstgewahren Seele in den Welten von Zeit und Ort. Sie enthält die göttlichen Gesetze, Allweisheit, Allmacht und All-Liebe. Die permanente Persönlichkeit hat die Aufgabe, die Leben und Erfahrungen der zeitlichen Persönlichkeiten auszuwählen und zu überwachen. Im Laufe dieses Prozesses wird die permanente Persönlichkeit *voller*.

Zeitliche (derzeitige) Persönlichkeit: Dies ist die Persönlichkeit, die wir in jeder einzelnen Inkarnation ausdrücken: die Projektion der permanenten Persönlichkeit in die Welten der Getrenntheit und ihre Zwischenebenen. Dieser Aspekt des Selbst erlebt Emotionen, Wünsche und Gedanken, aus denen ein Charakter geprägt wird. Im Laufe der Zeit lernt die zeitliche

Persönlichkeit, Eindrücke zu deuten und ihre Reaktionen zu korrigieren; so entwickelt sich eine verfeinerte Persönlichkeit. Joshua fordert uns auf, diese zeitliche Ausdrucksform der Selbstheit zu »verleugnen« [Mt 16,24], damit wir unser wirkliches Selbst besser verstehen können.

Wir wollen nun die Elemente der unterschiedlichen Ausdrucksformen zusammenfassen, um den Begriff individuierte Selbstheit besser zu verstehen. Unsere Selbstheit ist eins, auch wenn wir ihr auf vier Stufen begegnen: Geist-Ich-Wesen, selbstgewahre Seele, permanente Persönlichkeit und zeitliche Persönlichkeit. In ihren höheren Ausdrucksformen nimmt unsere individuierte Selbstheit teil an der gemeinsamen logoischen Selbstheit.

Den reinen göttlichen Geist des Menschen können wir uns als einen Strahl vorstellen, der von der Sonne (der absoluten Seinsheit) ausgesandt wird. Er geht durch das Urbild des Erzengelmenschen und weiter zum Urbild des Menschen. Stelle dir einen Sonnenstrahl vor, der sich einem offenen Fenster nähert. Auf der einen Seite des Fensters haben wir die selbstgewahre Seele. Während der Strahl durch das Fenster tritt, wird die permanente Persönlichkeit gestaltet. Dabei bleibt ein Teil in der Seelenheimat im ewigen Jetzt, der andere Teil drückt sich in den Welten der Getrenntheit aus. Der Strahl geht auf der anderen Seite des Fensters weiter und trifft auf den Fußboden. Hier sehen wir nun die sogenannte zeitliche Persönlichkeit. Der Fußboden, auf dem sich das Muster der Geist-Seele abzeichnet, sollte rein gehalten und gekehrt werden.

Das Licht geht rein und strahlend aus seiner Quelle hervor. Herabgestuft und gefiltert durch Urbilder, Universen und Schichten der Selbstheit, wird es gestreut, doch bleibt es das gleiche Licht. Es ist, als würden über eine helle Lampe zahlreiche Schirme gestülpt. Übungen und Meditationen in Verbindung mit vernünftigen theoretischen Grundlagen können viel dazu beitragen, diese Trübungen zu reinigen, und uns helfen, der Quelle des Lichts näherzukommen, und dem Licht von oben ermöglichen, sich in unseren Persönlichkeiten umfassender widerzuspiegeln. »Wenn nun dein Leib ganz licht ist, daß er kein Stück von Finsternis hat, so wird er ganz licht sein und wird dich erleuchten wie ein heller Blitz.« [Lk 11,36] Deshalb »laßt euer Licht leuchten vor den Leuten, daß sie eure guten Werke sehen und euren Vater im Himmel preisen.« [Mt 5,16]

HÄUFIG GESTELLTE FRAGEN

Welches ist die beste Tageszeit, sich mit dieser Arbeit zu befassen?

Jede Zeit - wann immer du dich wohl fühlst. Wir möchten allerdings sagen, daß die ätherische Vitalität bei Sonnenaufgang reichlich zur Verfügung steht und das Üben um diese Zeit kann nützlich sein: Andererseits ist es klug, die Meditation bei Sonnenuntergang zu vermeiden, wenn viele schädliche Energien aktiv sind. Wir empfehlen eine Übung am Morgen und eine weitere am Abend. Wenn du auch zur Tagesmitte die Zeit für eine kurze Übung findest, ist das noch besser. Entscheide selbst nach deinem individuellen Schwerpunkt, welchem Teil der Arbeit du dich während dieser Zeiten widmen möchtest. Wir raten davon ab, nach Einbruch der Nacht andere Übungen als die tägliche Innenschau durchzuführen. Die Innenschau, unsere wertvollste Übung, wird am besten vor dem Schlafengehen praktiziert.

Sind Routine und Regelmäßigkeit von Nutzen?

Engagement ist eine Notwendigkeit, aber wir verlangen niemals, daß du meditierst, wenn du nicht das Bedürfnis danach spürst; nichts Gutes würde daraus erwachsen. Du kannst dir diese Arbeit nicht aufzwingen. Wenn es möglich ist und du dich wohl dabei fühlst, so versuche, mindestens einmal am Tag zu üben. Es kommt vor allem darauf an, daß du dir im täglichen Leben für dich selbst etwas Zeit zugestehst und bewahrst. Gewisse Übungen erfordern tägliche Praxis, um zum Erfolg zu führen (z.B. ätherische Hände, Lichtkugeln, tägliche Innenschau).

Unterstützt Fasten die Konzentration?

Joshua sagte: »Was zum Munde eingeht, das verunreinigt den Menschen nicht; sondern was zum Munde ausgeht, das verunreinigt den Menschen.« [Mt 15,11] Andererseits kann ein voller Bauch auch eine starke Ablenkung sein. Wir befürworten weder übertriebene Askese noch Völlerei.

Ist es besser, auf einem Stuhl zu sitzen, mit überkreuzten Beinen auf dem Fußboden oder in einer anderen Position?

Finde heraus, in welcher Position du dich am wohlsten fühlst: auf einem Stuhl, auf dem Fußboden, oder liegend auf dem Bett. Erinnere dich: Die Seele befindet sich immer in einem Zustand der Anbetung und Verehrung. Versuche, deinen Körper in der Position zu entspannen, die dir für produktive Arbeit am besten geeignet scheint. Soweit es möglich ist und dir keine Beschwerden bereitet, versuche deine Wirbelsäule gerade zu halten, um einen ungehinderten Energiefluß sicherzustellen.

Bei einigen der umfangreicheren Übungen habe ich Schwierigkeiten, mich an die Abfolge zu erinnern. Hast du dazu einen Rat?

Das ist verständlich. Wenn du dich mit deiner eigenen Stimme oder mit der eines Freundes wohlfühlst, dann versuche, die längeren Meditationen auf Band aufzunehmen, oder laß sie dir vorlesen.

Sollte es still im Zimmer sein, oder hilft Musik?

Wie es dir gefällt. Solange sie eine beruhigende Wirkung auf den psychischen Körper hat, ist Musik ein angenehmes Mittel, um das Fortschreiten im Laufe einer Meditation zu messen und zu markieren. Leise Instrumentalstücke fördern bei vielen eine Vertiefung der Meditation.

Wie kann ich abschätzen, wann ich zu komplexerer Arbeit weiterschreiten darf?

Du wirst es wissen, wenn die Zeit gekommen ist. Erinnere dich: Diese Arbeit braucht Zeit, viel Zeit und Geduld, deshalb erwarte am Anfang keine großen Resultate. Wann du bereit und fähig bist, die nächste Stufe anzugehen, kannst du am Grad des Gelingens auf deiner jetzigen Stufe erkennen. Meistere jede Stufe auf deinem Weg, und sei nicht in Eile. Dein Schutzerzengel wird immer da sein, um dir in deiner Arbeit beizustehen; wenn es Zeit ist, weiterzugehen, wird er dich dazu ermutigen.

Ich möchte gerne wissen, welche Übungen für Kinder wohl geeignet sind und in welchem Alter diese damit beginnen sollten.

Kinder kommen mit bestimmten Persönlichkeiten, Begabungen und Ausrichtungen auf die Welt. Diese Gegebenheiten sowie das Maß, in dem die Eltern und das kulturelle Umfeld ein Kind ermutigen oder hemmen, bestimmen, ob und wie stark das Kind zur Meditation geneigt ist. Manche Kinder sind eher in sich gekehrt, andere mehr extrovertiert. Wir müssen uns vor Augen halten, daß wir in jungen Jahren hellsichtiger sind und in engerer Verbindung mit der höheren Ordnung der Dinge stehen. Aus diesem Grunde kann die Jugend höhere Zustände in der Meditation genießen. Kinder stehen auch in engerem Austausch mit den Schutzerzengeln und geistigen Führern, und durch die Meditation können sie diese wichtige Kommunikation aufrechterhalten, während sie älter werden und mehr ins Weltliche hineinwachsen. Alle Übungen und Meditationen sind für Kinder geeignet, doch wir dürfen von unseren Kindern nie verlangen, daß sie meditieren. Es muß ihr eigener Wunsch sein.

Ist einem Menschen im Zustand großer Verwirrung die Übung der Meditation zu empfehlen, um Klarheit zu erlangen?

Wenn ein Freund oder ein Bekannter in einem Zustand inneren Chaos' ist, raten wir von jeglichen Übungen strikt ab. Bei jemandem, der mit psychischem Durcheinander zu kämpfen hat, brauchen die ätherischen Energiezentren vielmehr Beruhigung und Ausgleich. Wir müssen die Selbstkontrolle behalten, wenn wir Übungen praktizieren, andernfalls vergrößern wir den Schaden. Das Gebet und die einfache Übung, sich selbst mit weißem Licht zu füllen, sind die besten Schritte zur Wiederherstellung der Ordnung. Freunde und Familie können durch ihre Gebete und das Aussenden von Kugeln weißen Lichtes für Menschen in einer Krise von großer Hilfe sein.

Wie kann ich unterscheiden zwischen tatsächlichen psychonoetischen Formen und solchen, die meiner eigenen Phantasie entspringen?

Wir müssen auf der Hut sein vor Phantasien, die unserer Arbeit in die Quere kommen. Psychonoetische Formen sind real und leben auch weiter, nachdem eine materielle Form aufgelöst ist. Wir haben die heilige Vollmacht, psychonoetische Bilder - aber nicht Formen - zu erschaffen. Wir können lediglich göttliche Formen abrufen. In unseren Visualisierungen reflektieren wir das Werk der absoluten Seinsheit und sollten nicht zulassen, daß unsere Phantasien mit uns durchgehen. Wenn wir arbeiten, müssen wir Elementale gestalten und mit den geeigneten Äthern versehen. Wenn unsere Fertigkeit zunimmt, werden diese Gestalten mit Hilfe der Erzengel gefüllt und mehr und mehr den universellen Formen entsprechen.

Ich habe Schwierigkeiten, zu unterscheiden, wann ich meinen psychischen Körper erlebe, und wann ich mit meinem noetischen Körper arbeite. Wie kann ich den Unterschied feststellen?

Berauscht von der Materie, ist der Mensch nur fähig, Dinge in materiellen Begriffen zu sehen, während unsere psychischen und noetischen Körper tatsächlich größere, viel größere Wirklichkeit besitzen als der materielle Leib, denn »der Geist ist's, der lebendig macht; das Fleisch ist nichts nütze.« [Jh 6,63] Wir alle können herausfinden und unterscheiden, ob wir von einem Verlangen oder einer Emotion bewegt oder ob wir von einer Idee oder einem Ideal motiviert werden. Das sind die Stimmen, durch die unsere beiden Körper sich über die Persönlichkeit Ausdruck verleihen. Lerne, die Stimmen (d.h. die Elementale) zu vernehmen, und schon bald wird dir klar sein, wie jeder Körper an seinen wesenseigenen Bedürfnissen und Zielen zu unterscheiden ist.

In vielen Übungen werden wir aufgefordert, unsere Schwingungen »auf verschiedene Ebenen zu heben oder zu senken.« Könntest du erklären, wie dies zu bewerkstelligen ist?

Jede Form besitzt ein Schwingungsmuster, das seine Existenz reguliert. Um den Kontakt mit bestimmten Formen aufzunehmen, ist es notwendig, unsere Schwingung so anzugleichen, daß sie der Frequenz entspricht, mit der wir in Verbindung kommen möchten. Oft bedeutet dies, daß wir uns zur göttlichen Energie hochheben, in anderen Fällen mag es nötig sein, unseren Rhythmus jenem von »niedereren«, weniger komplexen Lebensformen (z.B. Blumen, Früchten, Vögeln etc.) zu nähern.

Das muß selbst erlebt werden. Während einer Meditation befreist du dich langsam von bedrückenden Emotionen und eigenwilligen Vorstellungen. Wie das Wasser bei einer bestimmten Temperatur den Siedepunkt erreicht, so können wir lernen, während einer Meditation das niedrige Selbst loszulassen und uns bemühen, höhere Zustände zu erreichen. Wenn die Zeit gekommen ist, zu unserer derzeitigen Persönlichkeit zurückzukehren (d.h. unsere Schwingungen abzusenken), lernen wir, uns wieder zusammenzufinden.

TEIL ZWEI

Praxis
Übungen und Meditationen

RHYTHMISCHES ATMEN

Und Gott der Herr machte den Menschen aus einem Erdenkloß,
und er blies ihm ein den lebendigen Odem in seine Nase.

1. Moses 2,7

Wir atmen seit dem Augenblick, indem wir in diese Welt geboren wurden. Das Atmen ist eine Grundvoraussetzung des Lebens. Zusammen mit Nahrung, Ruhe, Schlaf und Sonnenschein ist Atmen eine Hauptquelle ätherischer Vitalität und notwendig für die Erhaltung und die Wiederherstellung eines gesunden Lebens.

Obwohl das Atmen für unsere Gesundheit von so grundlegender Wichtigkeit ist, geben nur wenige ihr instinktives Atemmuster auf (wenn sie es nicht sogar noch verderben), um eine bewußte Kontrolle über die Tätigkeit ihrer Lungen zu gewinnen. Tatsächlich ist die Atmung der meisten nur als armselig zu bezeichnen, und darunter leidet unsere Gesundheit.

Atemübungen gibt es in Hülle und Fülle, manche sind gut, manche eher schädlich. Wir müssen größte Vorsicht üben, wenn wir uns entschließen, in unsere Atmung einzugreifen - denn die Weise, in der wir atmen, beeinflußt jeden anderen Aspekt der Physiologie und unseres körperlichen Wohlbefindens. Wir stellen fest, daß viele östliche Atemtechniken nach-

teilige Wirkungen auf das Denken und den Körper des westlichen Menschen haben können und sein Nervensystem durch
vorzeitige Anregung der ätherischen Energiezentren geradezu
verkrüppeln.

Die von uns empfohlene Atemlehre ist sowohl sicher als
auch effektiv und wird in vielen Schulen und Traditionen seit
Jahrtausenden vermittelt und praktiziert. Jede der hier folgenden Übungen und Meditationen wird von rhythmischem
Atmen profitieren. Wenn du systematisch atmest, befreist du
das Denken von den Unannehmlichkeiten des Körpers und
verstärkst den Meditationsvorgang mit zielgerichteter Energie.
Bald wirst du feststellen, daß sich das rhythmische Atmen auch
außerhalb deiner meditativen Zustände einstellt. Durch richti-
ges Atmen vergrößerst du deine Vorräte an ätherischer Vitalität. Sie kommt deiner eigenen Gesundheit zugute und steht dir
auch zur Verfügung, um sie mit anderen zu teilen, die ihrer
bedürfen.

Grundtechnik

Alles, was Odem hat, lobe den Herrn!
Psalm 150,6

Entspanne dich zu Beginn so tief wie möglich. Vergiß die Belastungen von gestern, das Gewicht von heute und jeden Gedanken an morgen. Mache Körper, Denken und Sinne frei von jeglicher Aktivität. Atme ruhig und gleichmäßig: Auf ein volles Einatmen folgt ein volles Ausatmen.

Nun atme durch die Nase ein, drei Pulsschläge lang. Beim ersten Schlag atme in deinen Bauch, beim zweiten füllst du den Brustkorb bis zur Hälfte, und beim letzten Schlag bläst du ihn ganz auf. Lasse den Atem durch den Mund sofort wieder frei, zuerst aus dem Bauch, dann mit jedem Pulsschlag weiter herauf, bis deine Lungen entleert sind. Übe dies täglich einige Minuten lang, bis es mühelos und natürlich geht.

Sobald du mit dem 3:3-Zählmaß vertraut bist, versuche nach dem Rhythmus 4:4 zu atmen. Stelle dir dabei vor, den Rumpf in vier Abschnitte zu teilen, die du von unten nach oben mit Luft füllst, bis der ganze Brustkorb gedehnt ist. Dann lasse den Atem wieder entweichen, vom untersten Abschnitt bis zuletzt aus dem Brustraum.

Wenn deine Lungen sich an diese Arbeit gewöhnen, möchtest du vielleicht das Zählmaß 6:6 ausprobieren, das heißt 6 Pulsschläge lang einatmen und 6 Pulsschläge lang ausatmen. Später magst du dich dann vielleicht sogar auf sieben oder acht Pulslängen steigern. Jeder wird ein Zählmaß finden, das für ihn am besten geeignet ist. Bitte vermeide den Rhythmus 5:5, da er schädliche psychische Wirkungen haben kann.

Das rhythmische Atmen ist nicht so sehr eine eigene Übung, sondern die Grundlage für die meisten folgenden Übungen. Die Erzengel, die sich auch der Gesundheit deines Körpers widmen, werden sich freuen, wenn du die bewußte Kontrolle über dein Atmen gewinnst.

BEOBACHTUNG, KONZENTRATION
UND VISUALISIERUNGEN

Wer ist weise und behält dies? So werden sie merken,
wie viele Wohltaten Gott der Herr erzeigt.

Psalm 107,43

Die Fähigkeit, psychonoetische Bilder und Szenen zu formen,
ist die für das Ausführen einer Übung wohl wichtigste Fertigkeit; man bezeichnet sie auch als Visualisierung. Psychonoetische Bilder sind aus Geist-Übersubstanz unterschiedlicher
Schwingungsfrequenz aufgebaute Elementale. Durch seine Erschaffung gewinnt ein solches Bild eine reale, multidimensi-
onale Existenz, die weitaus dauerhafter ist als jeder grobstoffliche Gegenstand.

Wir dürfen diese heilige Tätigkeit nicht mit Phantasieren
verwechseln. Beim Gestalten von Substanz mit Hilfe von kinetischem, schöpferischem, prägendem und empfindungsge-
bendem Äther sind wir bestrebt, die Werke des Logos und des
Heiligen Geistes nachzubilden, indem wir noetische Formen
getreulich reproduzieren. So dient die Visualisierung der
Erweiterung unseres Bewußtseins; sie ist die *Sprache* der Kommunikation zwischen dem Weltlichen und dem Göttlichen.
Durch das Konstruieren spezifischer Gestalten und Szenen

ermöglichen wir den Austausch mit göttlichen Energien. Darüber hinaus ist die Visualisierung bei Heilbehandlungen unerläßlich zum Abrufen von Bildern der Gesundheit und Perfektion, wo Krankheit und Leid eingetreten sind.

Erzengel erschaffen ständig solche Bilder in Übereinstimmung mit den göttlichen Formen, wenn sie Universen und Welten gestalten und wenn sie Engel formen, die über ihre Arbeit wachen. Unsere Fähigkeit, Bilder zu erzeugen, ist ein göttliches Geschenk und Vorrecht, das wir mit Ehrfurcht zur Perfektion entwickeln sollen.

Zeichnen und Visualisierung

Ein guter Anfang auf dem Wege zur Erschaffung psychonoetischer Bilder ist es, irgendeinen einfachen Haushaltsgegenstand über einige Tage hinweg ganz genau zu untersuchen. Betrachte seine Umrisse, Beschaffenheit, Gewicht und Farbe mit größter, ungeteilter Aufmerksamkeit.

Auch wenn du nicht gut zeichnen kannst: Nimm den Gegenstand in die Hand, einen Bleistift in die andere und versuche dein Bestes, um eine möglichst genaue Zeichnung von ihm anzufertigen. Nach jedem Versuch wirst du feststellen, daß du mehr und mehr Einzelheiten beachten und abbilden konntest.

Nachdem du den Gegenstand über eine Reihe von Tagen wiederholt gezeichnet hast, lege ihn beiseite und zeichne ihn aus der Erinnerung. Langsam, aber sicher wirst du das Bild, das du dir eingeprägt hast (mit Hilfe des prägenden Äthers), detailliert zu Papier bringen können.

Nach einem Tag oder einer ganzen Woche zeichnest du den Gegenstand erneut aus der Erinnerung. Dabei stellst du fest, daß dir nichts von ihm entgangen ist, denn er ist als lebendiges Elemental in deinem Unterbewußten geblieben. In deiner Erinnerung sind Tausende von lebendigen, dreidimensionalen Formen gespeichert, die du jederzeit abrufen kannst.

Eine Zitrone

Übe dies nun mit einer Zitrone. Zeichne mehrere Tage nacheinander eine Zitrone, die du vor dir siehst; danach übe einige Tage nacheinander, die Zitrone aus der Erinnerung zu zeichnen, bis du ihre äußere Form ganz genau kennst.

Nimm nun eine Zitrone und drehe sie in der Hand. Wie schwer ist sie? Betaste ihre Oberfläche, kratze an der Schale und atme ihren herben Duft ein. Hast du die unzähligen kleinen Poren in der Schale wahrgenommen? Wie fühlt diese sich an? Schneide ein Segment aus der Zitrone. Aus der angeschnittenen Schale dringt ein wenig Öl. Der Saft aus dem reifen Fruchtfleisch rinnt über deine Hand. Quetsche dir einige Tropfen in den Mund und koste ihren sauren, scharfen Geschmack.

Wasche dir nun die Hände, setze dich hin und entspanne dich. Rufe dir eine ganze Zitrone in den Sinn. Schließe die Augen und stelle dir die Frucht in deiner ätherischen Hand vor. Drehe und wende sie vor deinen ätherischen Augen. Sie entspricht weitgehend der Zitrone, die du gerade gehalten hast. Du spürst ihr Gewicht und fühlst die wachsige Oberfläche. Du bemerkst, daß die Zitrone nicht ganz gelb ist, sondern zartgrün an der Spitze.

Nun stelle dir vor, in deine Zitrone zu schneiden. Du siehst das glänzende Fruchtfleisch. Du kannst das Öl aus der Schale dringen sehen und auf deinen Fingern fühlen. Hebe die Zitrone empor und quetsche dir einige Tröpfchen in den Mund. Vielleicht merkst du, daß du die Augen zusammenkneifst aus Furcht, sie könnten einen Spritzer von dem sauren Saft oder scharfen Öl abbekommen. Der saure Geschmack läßt dich dein Gesicht verziehen, du spitzt die Lippen. Mit allen Sinnen, deinen inneren Sinnen, erlebst du diese psychonoetische Zitrone.

Übe dies nächste Woche mit einer anderen Frucht. Während deine Fertigkeit zunimmt, Formen getreu zu reproduzieren, kannst du dich der Entfaltung deiner inneren Sinne erfreuen.

Eine Rose

Doch in gewissem Sinne sieht keiner eine Blüte richtig; sie ist so klein.
Wir haben keine Zeit, und zum Sehen bedarf es Zeit ebenso,
wie es Zeit bedarf, einen Freund zu haben.

Georgia O'Keefe

Nimm eine rote Rose in die Hand und studiere sie ganz aufmerksam: ihre Gestalt, Größe und Farbe. Drehe sie vor deinen Augen und betrachte sie in allen Einzelheiten. Die Blütenblätter sind weich wie Samt, in den verschiedensten Rottönen bis zum tiefen Karmesin. Der Stiel zwischen deinen Fingern wiederum ist starr und vergleichsweise grob, seine Dornen meidest du. Führe die Blüte zu deiner Nase und nimm einen tiefen Zug von ihrem lieblichen Duft. Wenn die Rose schon seit einigen Tagen erblüht ist, kannst du die äußeren Blütenblätter etwas zurückziehen und in ihre Mitte spähen. Du siehst die von gelben Pollen bedeckten Staubgefäße, die im Schutze des Blütenblätterkranzes tanzen. Sieh nur die außerordentliche Schönheit einer Rose.

Lege die Blume nun beiseite, schließe die Augen und atme tief ein. Visualisiere eine Rose in deiner ätherischen Hand. Du verwendest prägenden Äther, um das Bild vor deinen ätherischen Augen aufzubauen, und empfindungsgebenden Äther, um die visualisierte Rose zu fühlen. Drehe das Bild der Blume vor deinen Augen. Was kannst du sehen? Du siehst die tiefgrünen Kelchblätter. Unter der geöffneten Blüte legen sie sich zum Stiel zurück. Du fühlst den Stiel in deiner Hand. Selbst das Pieksen eines Stachels kannst du spüren. Sieh das Muster der Adern auf den robusten Blättern. Fahre mit der Fingerspitze den gezahnten Rändern der Blätter entlang. Führe die Blüte zu deiner Nase und atme ihren Duft ein. Wenn du der Rose zu nahe kommst, kitzeln ihre Blütenblätter dich an der Nasenspitze. Spähe in die geöffnete Blüte und sieh die feinen Staubgefäße.

Beschließe nun, die Farbe der Rose zu verändern. Beobachte, wie sich die vormals roten Blütenblätter in weiße verwandeln. Langsam verblaßt ihre Farbe, bis du eine rein weiße Rose vor dir hast. Mit Hilfe des prägenden Äthers ist es einfach, die Farbe deiner Rose zu ändern. Verwandle sie nun in Gelb und laß sie schließlich wieder ihr ursprüngliches Rot annehmen.

Betrachte die Rose einige Minuten lang und visualisiere dann jemanden, mit dem du gestritten hast. Mit Gedanken der Liebe und des Friedens reiche ihm deine psychonoetische Rose.

Es gibt so viel zu sehen und zu fühlen mit der göttlichen Gabe der inneren Sicht.

Tauben

Wir wollen zurückgreifen auf das, was wir in uns haben: Gedanken, Wissen und Gestalt. Tauben sind uns allen vertraut: ihre Größe, Gestalt, Farbe und Gewicht. In dieser Übung werden wir eine Taube zuerst visualisieren und dann beleben.

Entspanne dich und atme tief. Visualisiere in deiner rechten ätherischen Hand eine Taube aus weißem Gips. Betrachte aufmerksam ihre Form. Lege deine linke Hand auf die Taube. Der Gips ist kühl. Du betastest die Federn und prüfst ihre Beschaffenheit. Sie sind nicht weich wie echte Federn. Kratze mit dem Fingernagel ein wenig an der Gipstaube. Sie rührt sich nicht, weil ihr Material kein Geistleben in Form von kinetischem Äther birgt. Laß die Gipstaube aus deinen Händen fallen und beobachte, wie sie auf dem Fußboden in Stücke zerspringt.

Strecke nun deinen rechten ätherischen Arm aus und visualisiere eine weiße Taube, die auf deiner Hand landet. Sie sieht fast genauso aus wie die Gipstaube, doch sie ist mit Leben erfüllt. Leicht zitternd balanciert sie auf deiner Hand. Ihre rosafarbenen Krallen graben sich ein wenig in deine Haut, aber es tut nicht weh. Der fein geschnittene Schnabel hat einen gelblichen Schimmer.

Lege nun behutsam deine linke Hand auf die Taube. Durch ihre Brustfedern hindurch fühlst du ihr Herz flattern. Das Tier regt sich, wenn du über die seidigen Federn streichst, doch es mag deine Berührung. Der Vogel gurrt leise. Im Unterschied zur Gipstaube ist diese Form von Geistleben erfüllt. Streiche mit dem Zeigefinger zärtlich den Kopf der Taube. Beobachte, wie sie mit ihren dunkeln, runden Augen zwinkert, wenn sie den Kopf bewegt. Fülle deine Taube mit Liebe.

Schüttle nun die Hand, und der Vogel fliegt davon. Er fällt nicht zu Boden wie die Gipstaube zuvor, sondern hebt ab und beschreibt einen wunderschönen Kreis in der Luft, bevor er zu dir zurückkehrt. Streichle die Taube und schicke sie von neuem in die Luft empor; wieder kreist sie umher und läßt sich abermals auf deiner Hand nieder. Liebevoll laß sie entfliegen.

Diese Taube wird als Elemental allezeit existieren. Wann immer du es wünschst, kannst du sie auf deine Hand zurückrufen; du kannst auch eine zweite Taube erschaffen, mit der sie spielen kann.

Ländliche Szene

*In dir ist Stille und ein Heiligtum, in das du dich jederzeit
zurückziehen kannst, um du selbst zu sein.*

Hermann Hesse

Atme in gleichmäßigem Rhythmus und entspanne dich ganz.
Stelle dir vor, an einem schönen Frühlingsnachmittag an einer
Wiese zu sitzen. Erschaffe in deinen ätherischen Händen eine
kleine Schwalbe und laß sie emporfliegen. Beobachte, wie sie
über die Wiese flattert und sich auf dem Ast eines Apfelbaums
niederläßt, der über und über von zarten, frischen Blüten
bedeckt ist.

In der Ferne siehst du vor dem tiefblauen Himmel einen
großen, elfenbeinfarbenen Adler, der in die Lüfte steigt. Eine
leichte Bewegung seiner Flügelspitzen genügt, und er taucht
herab oder steigt wieder auf. Der mächtige Adler reitet auf den
Luftströmungen.

Betrachte nun die üppige Wiese vor dir. Mannigfaltig sind
die Gerüche, die der Erde nach einem langen Winter entströ-
men. Der tauende Grund ist feucht, die Luft ist noch kühl.
Drunten, neben einem Weiher, siehst du eine Kuh weiden. Sie
genießt das frische Gras; den ganzen Winter lang hat sie trok-
kenes Heu gefressen. Welche Farbe hat diese Kuh? Braun?
Oder ist sie schwarz und weiß? Du hast die Wahl.

Dein Blick folgt einem kleinen Bach, der aus dem Weiher
hervorkommt. Libellen schießen wie Pfeile über dem vom
Regen angeschwollenen Bach hin und her. Beruhigend wirkt
der liebliche Klang des fließenden Wassers.

Drüben auf der anderen Seite des Weihers grast eine Herde
Schafe und Lämmer. Zähle sie. Wieviele Tiere siehst du? Ein
Hirte wacht über seine Schützlinge. Er lehnt sich auf einen
Stab und genießt die wärmenden Sonnenstrahlen, sein Schä-
ferhund sitzt neben ihm. Du hörst die Glocken der Schafe

bimmeln, während diese das frische Gras beweiden. Zartes Blöken dringt von den ausgelassen spielenden Lämmern herüber.

Nun schlendere selbst über die Wiese. Hier und da blühen gelbe Narzissen. Gehe, wohin du magst. Deine Schwalbe fliegt umher und landet in der Nähe des Weihers. Der Adler steigt über dir empor, und die Schafe erschrecken ein wenig, wie sie ihn näherkommen sehen. Du spürst, wie der weiche Boden unter jedem deiner Schritte nachgibt. Feuchtigkeit dringt in deine Schuhe. Auch die Luft ist feucht und frisch. Die Kuh starrt dich eine Sekunde lang an und frißt dann weiter. Gehe auf sie zu und streiche über ihr weiches Fell. Sie mag es, wenn du sie hinter den Ohren kraulst.

Nach einer Weile kehrst du zum Ausgangspunkt zurück und blickst noch einmal über deine Wiese. Du siehst stille Gelassenheit und Harmonie überall. Dies ist ein Zentrum von Ruhe und Frieden, das du besuchen und in dem du Trost finden kannst. Wünsche von Herzen, daß sich Harmonie und Frieden von dieser Wiese über die ganze materielle Ebene ausbreiten mögen.

Konzentration und Beobachtung

Was ich aber euch sage, das sage ich allen: Wachet!

Mk 13,37

Beobachtung ist ein Aspekt unserer göttlichen Natur. Beobachtung und Konzentration weisen uns als Menschen und Götter aus, da wir die äußeren und inneren Welten gewandt und geschickt erforschen können. Durch Beobachtung vermögen wir unser bewußtes Gewahrsein in endlose Höhen zu erweitern. Durch die Steigerung unseres Gewahrseins und Verständnisses für unsere Umgebung und das deutliche Wahrnehmen aller Einzelheiten und Nuancen treten wir hinaus aus den engen Schalen unserer Persönlichkeiten und schreiten weiter in größere Wahrheiten. Wenn wir unsere Fähigkeit zu Konzentration und Beobachtung weiter entwickeln und entfalten, gibt es keine Grenzen für unser Erfassen des göttlichen Planes.

Je mehr wir der Welt, die uns jetzt umgibt, gewahr werden, desto bewußter werden wir in den jenseitigen Welten sein. Dies gilt ebenso für unsere nächtlichen Besuche (Exosomatose) auf anderen Ebenen wie schließlich für unser Hinübergehen von der materiellen Ebene in die feinstofflicheren Welten. Durch intensiviertes Beobachten wächst die Fähigkeit, über die sichtbaren Grenzen hinaus zu schauen und den Lauf unserer Erlebnisse in den psychischen und noetischen Welten zu lenken. Die folgende Übung dient dazu, unsere Empfänglichkeit und Wachsamkeit zu wecken und zu verfeinern.

Wähle einen Platz zu Hause oder in der näheren Umgebung: das Wohnzimmer, einen Garten, einen Park oder eine Wiese. Wähle eine Zeit, zu der du allein und in Frieden sein kannst. Setze dich einige Zeit - sagen wir: fünf Minuten - still hin und atme im Rhythmus 4:4 (4 Herzschläge lang einatmen, 4 Herzschläge lang ausatmen). Wenn du spürst, daß deine Sinne einen höheren, feineren Zustand erreicht haben, dann stehe auf und beginne, sehr langsam umherzugehen.

Jetzt beobachtest du jede Einzelheit: die Farben, die Größen und die Gerüche aller Gegenstände in deiner Umgebung.
Du siehst jedes Ding in Beziehung zu jedem anderen. So gehst
du fünfzehn Minuten lang umher und nimmst auf, so viel du
überhaupt kannst. Danach kehre dorthin zurück, wo du
begonnen hast. Wiederhole dies einige Tage, und lerne jedesmal mehr über das Gebiet, das du erforschst.

Wenn du dich nach deinem fünfzehnminütigen Betrach-
tungsspaziergang mit der Umgebung vertraut fühlst, so kehre
an den Ausgangspunkt zurück und entspanne dich. Versuche
nun mit Hilfe des prägenden und des empfindungsgebenden
Äthers in Gedanken alles zu visualisieren, was du gerade gesehen hast. Du hast diese Szene nun schon seit vielen Tagen
betrachtet und erkundet, und so kannst du sie dir leicht vor deinen inneren Sinnen vergegenwärtigen. Erschaffe jede Einzelheit von neuem: die Oberflächen und Strukturen, die Gerüche, Töne und alle sonstigen Sinneseindrücke. Alle Elemente
deiner Visualisierung kannst du in ihrer korrekten Farbe wahrnehmen. Du siehst alles genau so, wie du es vor wenigen
Minuten betrachtet hast.

Mach dich am nächsten Tage wieder auf und sieh, was dir
an den vorausgegangenen Tagen entgangen war. Jetzt beginnst
du viel, viel mehr zu beobachten. Lehne dich entspannt
zurück und lasse die Umgebung vor deinen inneren Sinnen
wiedererstehen. Du stellst fest, daß der prägende Äther einen
großen Teil der betrachteten Szenerie detailliert in deiner Erinnerung gespeichert hat.

Wenn du dich auf die Szene eingestimmt fühlst, so bleibe
einfach eine Viertelstunde auf dem Stuhl sitzen und betrachte
alles aufmerksam und bewußt, ja betritt selbst das vieldimensi-
onale Gemälde, das du in deiner Erinnerung gespeichert hast.
Praktiziere diese Übung in zweiwöchigen Zyklen, und wähle
jedesmal eine neue Umgebung, die du dir vertraut machst und
einprägst.

Mit zunehmender Übung wirst du feststellen, daß du dir leicht eine stattliche Auswahl von Szenen ins Bewußtsein rufen kannst, die du dir bei dieser Arbeit eingeprägt hast. Vielleicht kannst du sogar Erinnerungen an Orte aus deiner Kindheit hervorholen, die mit glücklichen Erlebnissen verknüpft sind: vielleicht ein altes Haus, eine Nachbarschaft oder eine Schule, die du besucht hast. Sitze bequem, entspanne dich und rufe dir in kleinsten Einzelheiten alles in die Sinne, was du an Erinnerungen an jenen Ort noch erreichen kannst. Bald wirst du feststellen, daß die in deiner Erinnerung lebendige Szene ihre eigenen, detaillierten Bilder malt, und du dich zurücklehnen darfst oder sogar in dieser Szenerie umherbewegen und beobachten kannst, wie sie wieder zum Leben erwacht.

Dehne dein bewußtes Gewahrsein auch in die Tätigkeiten des Alltags aus. Wenn du deinen täglichen Spaziergang machst, deinen Weg zur Arbeit fährst oder wiederholt die gleiche Strecke zum Markt gehst, versuche mehr und mehr vom Weg und seiner Umgebung wahrzunehmen. Beobachte, wie die wechselnden Jahreszeiten verschiedene Elemente im Bereich deiner Betrachtung beeinflussen.

Das Beobachten sollte nicht auf Übungen beschränkt bleiben. Beobachtung ist eine Art des Seins.

ÄTHERISCHE DOPPEL

Oder wißt ihr nicht, daß euer Leib ein Tempel des heiligen Geistes in euch ist,
den ihr von Gott habt, und daß ihr nicht euch selbst gehört?
Denn: Um einen Preis wurdet ihr erkauft. So verherrlicht denn Gott in eurem Leib.

1. Korinther 6,19-20

Innerhalb des grobstofflichen Körpers aller lebenden Organismen gibt es »Äther« genannte Energieströme, die Leben und Gesundheit spenden. Fluß, Verteilung und Speicherung dieser Energie finden innerhalb eines Feldes statt, das den Körper umgibt und durchdringt. Wir nennen dieses Feld »ätherisches Doppel«.

Jeder grobstoffliche, psychische und noetische Körper hat ein ätherisches Doppel. Jedes Atom und jede Zelle im Körper besitzen ein individuelles ätherisches Doppel, gemeinsam bilden diese das ätherische Doppel eines Körpers.

Das ätherische Doppel ist einer Gußform vergleichbar, in der ein Körper geformt wird. Die Erzengel der Elemente arbeiten durch das ätherische Doppel, um einen Körper Atom für Atom, Molekül für Molekül aufzubauen. Der fertige Körper wird durch das ätherische Doppel aufrechterhalten, das die ätherische Vitalität liefert und in seine verschiedenen Bereiche verteilt. So wacht das allzeit vollkommene und unverderbliche

ätherische Doppel über den Lauf des Lebens einer ausgedrückten Form entsprechend ihrem Möglichkeitszyklus.

Ohne ein ätherisches Doppel kann kein Körper existieren,
und kein ätherisches Doppel vermag unabhängig vom Körper
zu leben. Das ätherische Doppel kann sich nicht von seinem
Körper trennen, außer wenn dieser sich auflöst.

Der psychische und der noetische Körper haben je ein
eigenes ätherisches Doppel, das als aktive Verbindung zwischen den Körpern gebraucht wird. Außer zur Überwachung
und Regelung der Energieverteilung innerhalb des grobstofflichen Körpers dienen die ätherischen Doppel auch als Träger
für den Strom ätherischer Vitalität zwischen den materiellen,
psychischen und noetischen Körpern.

Es ist sehr wichtig, daß wir mit unseren ätherischen Doppeln vertraut werden. Es ist lebenswichtig, daß wir ihre
Wesensnatur aufs Genaueste kennenlernen, um die Gesundheit innerhalb unserer eigenen Körper unter Kontrolle zu
haben und anderen, die der Heilung bedürfen, helfen zu können. Meditation und Übung sind die besten Wege, mehr über
unsere ätherischen Doppel zu lernen.

Ätherische Vitalität

Das ätherische Doppel wird von Energieströmen durchzogen,
die den Körper sowohl durchdringen als auch über ihn hinaus-
ragen. Ätherische Vitalität ist Geist-Übersubstanz in spezifi-
schen Schwingungsmustern, die das Phänomen des Lebens
ermöglichen. Wir sollten nicht glauben, daß Fleisch, Blut oder
ein Nervensystem diese Kraft erzeuge. Dies wäre genauso, als
glaubte man, daß Draht Elektrizität erzeuge. Der Draht kann
Elektrizität wohl leiten, aber er vermag sie nicht selbst zu
erzeugen. Die ätherische Vitalität wird uns als »unser tägliches
Brot« [Mt 6,11] geschenkt.

Eine Witwe, die an einer Blutung litt, berührte das Gewand Joshuas, und er fragte:»Wer hat mich berührt?« Seine Jünger waren verblüfft, denn die Menge der Menschen drängte sich gegen den Herrn von allen Seiten. Joshua sprach weiter:»Ich fühle, daß eine Kraft von mir gegangen ist.« [Lk 8,46] In einem anderen Fall heilte er hunderte von Menschen mit ätherischer Vitalität:»Und alles Volk begehrte ihn anzurühren, denn es ging Kraft von ihm aus und heilte sie alle.« [Lk 6,19].»Kraft« bezieht sich hier auf ätherische Vitalität.

Wir leben in einem Ozean ätherischer Vitalität, die uns durchdringt und umgibt. Bei vielen Gelegenheiten schöpfte Joshua aus der ätherischen Vitalität, die den Erdball bedeckt, und gestaltete sie zu Fisch und Brot, um Tausende zu speisen [vgl. Mt 14,19-21; 15,32-39].

Die verschiedenen Äther

Bei der ätherischen Vitalität lassen sich mehrere Zustände unterscheiden, die bestimmten Funktionen zur Erhaltung der drei Körper dienen. Im ätherischen Doppel stellen wir vier Arten ätherischer Substanz fest: schöpferischen Äther, empfindungsgebenden Äther, prägenden Äther und kinetischen Äther. Dies bedeutet nicht, daß ein ätherisches Doppel in separate Abschnitte geteilt ist, sondern daß die Geist-Übersubstanz in sich alle Zustände enthält und in jedem Falle dem jeweiligen Erfordernis angepaßt wird.

Schöpferischer Äther wird gebraucht für den Aufbau und die Erhaltung aller Phänomene des Lebens unter der Aufsicht und in Übereinstimmung mit dem Willen des Heiligen Geistes. Geleitet von Allweisheit, Allmacht und All-Liebe gebrauchen der Heilige Geist und die heiligen Erzengel schöpferischen Äther, um einen Körper aufzubauen, zu erhalten und seine ordentliche Funktion zu gewährleisten. Gleichgültig, welchen Teil des materiellen Körpers wir studieren - sei es die Beschaffenheit des Gehirns, die Flüssigkeit der Augen, die verschiedenen Sinnesorgane, die Tätigkeit der Drüsen, der Lungen, der Leber, des Darmes - sie alle zeugen von der ständigen Anwesenheit des Heiligen Geistes und der heiligen Erzengel.

Prägender Äther wird gebraucht, um ätherische Substanz in psychonoetische Bilder zu gestalten; deshalb spielt er bei unserer Visualisierungsarbeit eine tragende Rolle. Mit Hilfe des prägenden Äthers ist es uns möglich, Bilder zu speichern und uns in Erinnerung zu rufen. Bei der Aufzeichnung von Bildern hilft uns prägender Äther, Gestalten in verschiedenen Größen, Farben und Mustern zu sehen.

Empfindungsgebender Äther ist der »gefühlsgebende« Äther. Dank dem empfindungsgebenden Äther können wir Freude und Schmerz wahrnehmen. Auch in Verbindung mit prägendem Äther wird der empfindungsgebende Äther gebraucht; der kombinierte Einsatz dieser beiden Ätheraspekte macht das Phänomen der Erinnerung möglich.

Kinetischer Äther erlaubt uns Bewegung. Alle bewußten und unbewußten Bewegungen einschließlich der autonomen Körperfunktionen (z.B. Zirkulation des Blutes und Atmung sowie Aufnahme, Aufspaltung und Ausscheidung von Substanzen) geschehen mit Hilfe des kinetischen Äthers.

Wir müssen die ätherische Vitalität in einer ausgeglichenen Art benutzen, ohne in das schöpferische Werk des Heiligen Geistes einzugreifen, und auf eine Weise, die sich einer logoischen Ausdrucksform würdig erweist.

Ätherische Energiezentren

Als Gott die menschliche Form erschuf, stattete er uns mit vielen großartigen Gaben aus.

Das größte Geschenk ist das Herz, denn durch das Herz können wir die göttliche Liebe widerspiegeln zu Gott und zu unseren Mitmenschen. Das Herz ist das Haus der gemeinsamen Selbstheit, das Zuhause des Logos, und wir müssen es rein halten, denn »selig sind, die reines Herzens sind, sie werden Gott schauen.« [Mt 5,8]

Eine weitere Gabe ist das Gehirn mit seinen psychischen und noetischen Entsprechungen. Hier ist das Zentrum für Inspiration und Einsicht, das uns erlaubt, vom Geist (Mind) Gebrauch zu machen, um die Anwesenheit Gottes allüberall zu erkennen. Als Moses anfing, in sich selbst zu blicken, und bis zur Ebene des Kleinhirns (symbolisiert als brennender Dornbusch, der von Flammen nicht verzehrt wurde) aufstieg, hörte er zum ersten Mal die Stimme Gottes [vgl. 2Mo 3,2]. Die beiden Tafeln des Moses, auf welche das Gesetz Gottes geschrieben war, stellen die beiden Hemisphären des menschlichen Gehirns dar [vgl. 2Mo 34,28]. Wenn wir eines Tages dieses ätherische Zentrum vitalisieren, werden wir ebenfalls die Stimme unseres inneren Selbst, unserer selbstgewahren Seele vernehmen und eins werden mit Gottes Gesetz.

Durch den Solarplexus, eine weitere kostbare Gabe, äußert sich der Heilige Geist als Willenskraft und im Instinkt verborgene Weisheit. Als Sitz unseres unbewußten Gewahrseins ist der Solarplexus auch der Speicher ätherischer Vitalität. Joshua sagte: »Wer an mich glaubt ..., von dessen Leib werden Ströme lebendigen Wassers fließen.« [Jh 7,38] Joshua ist das lebendige Wasser des »immerwährenden Lebens«, und wenn wir von ihm trinken, werden wir »nie wieder dürsten« [vgl. Jh 4,14].

Die vierte Gabe sind die Fortpflanzungsorgane, die zur rechten Zeit, unter den rechten Umständen und im rechten Alter zur Verfügung stehen. Sie sind heilig-geistig und sie sind das Mittel für den Fortbestand des Lebens auf der materiellen Ebene; wir sollten sie nicht mißbrauchen.

Entsprechend diesen Gaben gibt es Energiezentren: ätherische oder psychonoetische Zentren, die im Osten als Chakren bezeichnet werden.

Jede Pore unserer Haut hat ein Zentrum. Jede Drüse hat ein Zentrum. Jede Fingerspitze hat ein Zentrum. Welcher Natur sind diese Zentren?

Die zu einem Zentrum gehörende Energie rotiert und erzeugt einen Wirbel, der sich spiralförmig zu einem Punkt verengt. Wenn du die Hand in ein Becken voll Wasser tauchst und rasch im Kreise bewegst, bildet sich ein kegelförmiger Wirbel. Seine Grundform und Bewegungsmuster entsprechen etwa den Gegebenheiten in den ätherischen Zentren.

Im ätherischen Doppel des grobstofflichen Körpers haben wir psychonoetische Zentren, die wir Kirchen nennen (vgl. Offb 1,20: »Gemeinden«). Im ätherischen Doppel des psychischen Körpers haben wir psychonoetische Zentren intensiverer Aktivität, die wir Lichter nennen (vgl. Offb 4,5: »Fackeln«). Im ätherischen Doppel des noetischen Körpers gibt es noch aktivere Zentren mit einem erweiterten Raum- und Zeitbegriff. Johannes nennt sie in seiner Offenbarung »Sterne« [vgl. Offb 1,16-20].

Diese Zentren dienen mehreren Funktionen. Sie versorgen die Organe in einem bestimmten Teil des Körpers, indem sie den Zustrom und die Beschaffenheit der ätherischen Vitalität regulieren. Darüber hinaus fungieren sie als Verbindungen zwischen dem materiellen Körper einer menschlichen Persönlichkeit und deren psychischem und noetischem Körper, um Gedanken, Emotionen und Energie zu kanalisieren, die aufgrund von Eindrücken aus Raum/Ort und Zeit aufsteigen. Durch die ätherischen Zentren werden Elementale empfangen und im ätherischen Doppel gespeichert; über die Zentren beeinflussen Elementale die Persönlichkeit. Geist (Mind) wird zu psychonoetischen Elementalen gestaltet, deren Gesamtheit wiederum die menschliche Persönlichkeit ausmacht. Elementale bewohnen die ätherischen Zentren und beeinflussen den Charakter.

Was ist der Zweck dieser Zentren? Wie können wir mit ihnen arbeiten? Werden wir in das Wirken der Erzengel eingreifen?

Wenn wir eine gewisse Ebene des Gewahrseins erreichen, werden die Erzengel höchst erfreut sein, uns mehr über die Zentren zu lehren. Doch vorher müssen wir Meister über die Elementale werden, die wir erschaffen und beleben. Die Elementale benutzen die Zentren zu Freud und Leid als Zugänge und Pforten in unsere Persönlichkeit. Unbewußt erschaffen wir Elementale, ziehen sie an und nehmen sie auf in unsere Energiezentren, wo sie dann auf unsere Persönlichkeit Einfluß nehmen. Deshalb ist es unbedingt notwendig, daß wir im Zusammenhang mit unserem Studium dieser Zentren auch einige Kenntnisse über unser Unterbewußtes erwerben.

Die folgende Reihe von Übungen wird dich mit der ätherischen Vitalität in deinem Körper näher vertraut machen und dir helfen, zwischen den verschiedenen Qualitäten des Äthers unterscheiden zu lernen. Darüber hinaus kannst du üben, behutsam und selbstbewußt mit bestimmten ätherischen Zentren zu arbeiten.

Finger-Konzentration

Mit dieser Übung wollen wir lernen, Kontrolle über den Äther auszuüben. Ätherische Vitalität in Form von kinetischem Äther können wir gezielt zu verschiedenen Teilen unseres Körpers lenken, und sie dann als empfindungsgebenden Äther fühlen. Diese Übung wird besonders für jene überaus hilfreich sein, die mit ihren Händen arbeiten: Heiler, Pianisten, Schreibende, Chirurgen und viele andere. Obwohl diese Übung einfach erscheint, erfordert sie viel Training und Konzentration.

Schließe die Augen und hebe deine Hände vor dir. Entspanne dich, atme im Rhythmus 4:4. Sieh beim Einatmen ätherische Vitalität in deine Hände strömen. Sieh beim Ausatmen, wie alles Dunkle in die Atmosphäre entlassen wird.

Lege nun alle Fingerspitzen gegeneinander, doch laße dabei einen kleinen Abstand zwischen den Handflächen. Konzentriere die Wahrnehmung zunächst zwischen den kleinen Fingern. Ignoriere das Gefühl der anderen Finger - sie berühren einander weiterhin, aber nur leicht - und drücke nur die Spitzen deiner kleinen Finger gegeneinander. Dies mag zuerst schwierig sein, da die anderen Finger ebenfalls gegeneinander Druck ausüben wollen. Versuche beharrlich, den empfindungsgebenden Äther in die beiden Kleinfingerspitzen zu konzentrieren. Entspanne.

Nun verlagere deine Aufmerksamkeit mit Hilfe des kinetischen Äthers in die Ringfinger, während du langsam die kleinen Finger entspannst; halte diese und die anderen Fingerspitzen in leichtem Kontakt. Konzentriere empfindungsgebenden Äther in deine Ringfingerspitzen, die du gegeneinander drückst. Verweile dabei und beobachte die daraus resultierenden Wahrnehmungen in deinem Körper. Atme weiterhin ruhig und rhythmisch. Entspanne.

Nun drücke die Mittelfinger gegeneinander - nur diese beiden Fingerspitzen - und spüre, wie der empfindungsgebende

Äther von einer Fingerspitze zur anderen übergeht. Was fühlst du jetzt?

Gehe weiter zu den Zeigefingern und drücke deren Spitzen gegeneinander. Entspanne alle anderen Finger - doch sie berühren sich weiterhin leicht - während du Äther in den Spitzen deiner Zeigefinger sammelst. Entspanne dich.

Drücke nun die Seiten deiner Daumen gegeneinander; alle anderen Finger bleiben in leichtem Kontakt, aber ohne Druck. Entspanne dich.

Drücke nun die Spitzen aller Finger gleichzeitig gegeneinander. Jetzt spürst du möglicherweise sehr viel Energie in deinen Händen. Nun wiederhole die Übung in umgekehrter Reihenfolge bis zu den kleinen Fingern.

Sammle alle Energie zwischen deinen Handflächen, gestalte sie zu einer Kugel aus weißem Licht und bringe diese an einen Teil deines Körpers, wo du vielleicht Schmerzen hast (z.B. Gelenke, verheilende Knochen, schwache Augen, eine Verletzung); wenn du jemanden kennst, der krank ist und Energie braucht, kannst du sie ihm anbieten.

Empfindungsgebender und kinetischer Äther

Schließe die Augen und atme rhythmisch und gleichmäßig. Entspanne jeden Muskel deines Körpers.

Fühle die Sohlen deiner Füße. Spüre bewußt, wo die Füße den Boden berühren. Du gebrauchst empfindungsgebenden Äther, um zu fühlen, und kinetischen Äther, um dich in deinem Körper zu bewegen. Gehe nun von den Fußsohlen hinauf zu den Knöcheln. Fühle den ganzen Fuß. Fühle jede einzelne Zehe. Es ist der empfindungsgebende Äther, der es dir ermöglicht, deinen Fuß zu spüren. Nun dehne den Bereich deines Gewahrseins aus bis in die Knie. Mache dir deine Wahrnehmung in den Knien bewußt. Du fühlst nun von den Knien nach unten bis zu den Sohlen deiner Füße. Konzentriere deine Aufmerksamkeit und gehe von deinen Knien hinunter durch die Unterschenkel, durch die Knöchel nach vorn bis in die Zehen und dann nach unten in die Fußsohlen. Mit Hilfe des kinetischen Äthers hast du dein Bewußtsein nun willentlich durch die Beine bewegt, und mit Hilfe des empfindungsgebenden Äthers hast du auf diesem Wege jeden Teil gespürt. Gehe jetzt einige Male zu den Knien herauf und wieder hinunter. Frage dich: »Wer bin ich, der ich mich in meinem Körper bewegen kann?«

Nach kurzem Verweilen gehe nun langsam von den Knien durch die Oberschenkel nach oben, durch das Becken und in den Bauch. Atme tief durch und gehe wieder nach unten: vom Bauch über die Hüften, durch die Oberschenkel, Knie, Unterschenkel, Knöchel und Zehen, bis du wieder in den Fußsohlen angelangt bist. Gehe wieder aufwärts bis in den Bauch und wieder ganz zurück in die Sohlen; wiederhole dies einige Male und fühle dabei jeden Punkt auf dem Wege. Möglicherweise stellst du fest, daß dein Unterleib dabei wärmer wird. Das ist gut, es ist eine Folge der Bewegung des Äthers.

Sammle deine Aufmerksamkeit wieder im Bauch und fühle deinen Solarplexus. Spüre alle Energie in deinem Solar plexus. Von hier aus gehe nun aufwärts bis in den unteren Teil deines Brustkorbes. Atme dabei tief und mühelos und spüre nach, wie die lebenspendende ätherische Vitalität deinen Rumpf erfüllt. Mache tiefe, lange Atemzüge. Fühle die Luft in deinen Lungen, während du atmest. Spüre nun von den Schultern hinunter in beide Arme, durch die ganze Länge der Arme bis in die Finger. Ausgehend vom Hals, breite dein Gewahrsein nach unten in den Brustkorb aus und weiter durch Bauch, Becken, Oberschenkel, Knie, Knöchel und Füße. Atme einige Male tief ein und aus und kehre dann wieder um, gehe von den Zehen nach oben durch Unterschenkel, Knie, Oberschenkel, Bauch, Rumpf und Hals, und wieder hinaus in Arme und Hände.

Nun sammle deine Aufmerksamkeit im Kopf - nur im Kopf. Fühle deine Stirn, Augen, Nase, Mund, Lippen und Kehle. Du merkst vielleicht, daß deine Ohren warm werden. Lenke deine Aufmerksamkeit von einem Punkt zum anderen - vom Hinterkopf zum Kinn, von der Schilddrüse zum Scheitel. Gehe nun vom höchsten Punkt des Kopfes langsam den ganzen Weg hinunter bis in die Sohlen deiner Füße, und kehre wieder um nach oben, bis zum Scheitel. Fühle deinen ganzen Körper.

Praktiziere diese Übung etwa zehn Minuten lang - gehe mit Hilfe des kinetischen Äthers hinauf und hinunter, und fühle dabei mit Hilfe des empfindungsgebenden Äthers - danach entspanne dich.

Vitalisieren des Körpers

Sitze, stehe oder liege mit geradem Rücken. Entspanne dich etwa fünf Minuten lang vollkommen, bis deine Gefühle und Gedanken zur Ruhe gekommen sind. Während dieser Übung wirst du rhythmisch atmen und dabei Energie bewußt durch den Körper dirigieren. Du wirst die Energie im Laufe der Übung durch verschiedene ätherische Zentren bewegen, ohne jedoch deine Aufmerksamkeit auf diese zu konzentrieren.

Atme im Rhythmus 4:4. Nach einigen Minuten beginnst du einen Kreis zu beschreiben. Er beginnt unterhalb deiner Genitalien und geht im Uhrzeigersinn über die Leber bis zu seinem höchsten Punkt, dem Solarplexus, dann wieder nach unten, an der Milz vorbei und weiter, bis er sich an seinem Ausgangspunkt schließt. Während du einatmest, gehst du aufmerksam wahrnehmend bis zu dem höchsten Punkt des Kreises im Solarplexus; während du ausatmest, gehst du den Kreisbogen nach unten, bis der Kreis unterhalb der Genitalien geschlossen ist. Sieh innerhalb dieses Kreises ein himmelblaues Licht strahlen, während du weiterhin im Rhythmus 4:4 atmest, fünf Minuten lang. Sieh beim Ausatmen, wie alle dunklen Flecken ausgestoßen werden, die du in diesen Zentren vielleicht trägst, und sieh beim Einatmen eine himmelblaue Lichtkugel Gestalt annehmen.

Nun gehe hinauf zu deinem Solarplexus. Hier kannst du Energie konzentrieren und speichern, ohne Schaden anzurichten. Dieses Mal beschreibe einen Kreis, der über deine rechte Lunge geht, weiter über das Herz, dann wieder nach unten über die linke Lunge und zurück zum Solarplexus. Atme weiter im Rhythmus 4:4. Während du einatmest, gehst du im Kreis hoch bis zum höchsten Punkt und in den Bereich rund um dein Herz herum. Während des Ausatmens folgst du der absteigenden Hälfte des Kreises bis zum Solarplexus. Setze dies fünf Minuten lang fort und sieh warmes, rosafarbenes Licht aus der Mitte dieses Kreises ausstrahlen.

Beschreibe schließlich einen Kreis, der etwas oberhalb des Herzens anfängt, über die rechte Schulter geht, seinen Höhepunkt über dem Scheitel erreicht und dann über die linke Schulter zum Herzen zurückkehrt. Den Mittelpunkt dieses Kreises bildet die Schilddrüse. Atme weiter im Rhythmus 4:4. Gehe während des Einatmens zum Scheitel hinauf, und atme aus, während du zum Ausgangspunkt etwas oberhalb des Herzens zurückkehrst. Goldenes Licht erfüllt diesen Kreis und umgibt deinen Kopf, oranges Licht strahlt im Bereich der Schilddrüse, seinem Mittelpunkt. Praktiziere auch diesen Teil der Übung fünf Minuten lang und entspanne dich dann. Die Kreise, die du erschaffen hast, überschneiden sich, doch die Lichtkugeln und ihre Farben vermischen sich nicht.

Mit Hilfe des kinetischen Äthers lenkst du den Strom der Energie, mit Hilfe des empfindungsgebenden Äthers fühlst du ihn und mit Hilfe des prägenden Äthers nehmen die Kreise Farbe und Gestalt an.

Praktiziere diese Übung täglich, und schon bald wirst du ohne weitere Anstrengung ätherische Vitalität lenken können, wohin du es wünschst.

ÄTHERISCHE ARME UND HÄNDE

Der unschuldige Hände hat und reinen Herzens ist;
der nicht Lust hat zu loser Lehre und schwört nicht fälschlich:
der wird den Segen vom Herrn empfangen.

Psalm 24,4-5

Der materielle Körper ist eine exakte Kopie des ätherisches Doppels, durch das er erbaut und erhalten wird. Wie dein materieller Körper, so hat auch das ätherisches Doppel Glieder, und sobald du deinen materiellen Körper bewegst, bewegt sich auch das ätherische Doppel in Übereinstimmung. Das ätherische Doppel kann so lange nicht vom materiellen Körper getrennt werden, bis dieser nicht mehr gebraucht wird. Doch du kannst üben, deine ätherischen Glieder frei zu bewegen, indem du sie aus der materiellen Form hebst. Ein ätherisches Glied unterliegt nur wenigen der Begrenzungen des schweren, materiellen Körpers. Du kannst es beispielsweise gebrauchen, um in grobstoffliche Materie einzudringen und diese zu durchdringen.

Die Entwicklung ätherischer Arme und Hände ist die Voraussetzung, um gewisse Übungen ordentlich auszuführen, sowie ein unverzichtbares Werkzeug fürs Heilen. Wenn du anfängst, deine ätherischen Hände zu befreien, visualisierst du ein Elemental des Armes und der Hand, das sich aus deiner materiellen Form heraushebt. Nach einiger Zeit wirst du allmählich etwas Wärme in deinem materiellen Arm spüren, während dein ätherisches Doppel beginnt, an die Stelle des Elementals zu treten. Mit stetiger, vorzugsweise täglicher Übung wirst du größere Kontrolle über deine ätherischen Glieder erlangen. Im Laufe der Zeit wirst du vielleicht feststellen, daß du beim Heilen deine ätherischen Hände gebrauchst, um zum Beispiel bei einem verkrümmten Rücken Knochen einzurichten oder um ein Bein zu verlängern.

Der psychische und der noetische Körper haben je ein eigenes ätherisches Doppel. Wenn du in deinem selbstbewußten Gewahrsein weiter voranschreitest, wirst du feststellen, daß du üben kannst, diese Hände für viel größere Werke zu gebrauchen!

Entwickeln der ätherischen Arme

Streck deine Hand aus zur Heilung,
und laß Zeichen und Wunderdinge geschehen durch den Namen
deines heiligen Knechtes Jesus.

Apostelgeschichte 4,30

Setze dich in einen bequemen Stuhl, dein rechter Unterarm soll auf der Tischplatte ruhen. Eine weiße Oberfläche oder ein weißes Tischtuch möge einen guten Kontrast zu deinem materiellen Arm bieten.

Beginne, deinen rechten materiellen Arm langsam vom Tisch zu heben, bis er die rechte Schulter berührt; dann lege ihn auf den Tisch zurück. Wiederhole diese Bewegung fünf Mal und achte aufmerksam darauf, wie der Arm sich bewegt und anfühlt.

Hebe und senke deinen Arm weitere fünf Mal, doch nun wende die Hand dabei um. Fühle und untersuche, wie die Muskeln sich bewegen. Du siehst das Netz aus Venen und Arterien. Es ist wichtig, daß du jede Einzelheit beachtest. Beeile dich nicht. Du beginnst nun zu spüren, wie ätherische Vitalität in deinen Arm strömt.

Nun schließe die Augen und hebe und senke deinen materiellen Arm ganz langsam. Sieh mit deinen inneren Augen, wie der Arm sich bewegt. Du siehst in allen Einzelheiten Haut, Sehnen, Muskeln und Knochen, während der Arm sich durch die Luft bewegt. Das ätherische Doppel des Armes bewegt sich in vollkommener Übereinstimmung mit seinem materiellen Gegenstück. Du kannst den materiellen Arm in weißem Licht erstrahlen sehen.

Nun halte die Augen geschlossen und laß deinen materiellen Arm auf dem Tisch ruhen. Sieh und spüre, wie dein heller, weißer ätherischer Arm sich aus der materiellen Form hebt. Bewege ihn durch die Luft und laß deine durchscheinende, ätherische Hand die Schulter berühren. Kannst du es spüren?

Bewege deinen ätherischen Arm nun langsam nach unten und lege ihn in den materiellen zurück. Hebe und senke den Arm fünfmal und studiere dabei unablässig die Umrisse und Bewegung deines ätherischen Armes, während du die ätherische Hand beugst. Du kannst alle Einzelheiten sehen. Du kannst sogar spüren, wie ein leichter Lufthauch über deinen ätherischen Arm streicht, während du ihn bewegst.

Nachdem du einige Zeit daran gearbeitet hast, versuche diese Übung nun mit rhythmischem Atmen zu verbinden. Atme im Rhythmus 3:3 und führe die Übung in der beschriebenen Reihenfolge durch. Während des Einatmens bewegst du deinen Arm - erst den materiellen, dann den ätherischen - zur Schulter herauf, während des Ausatmens senkst du ihn auf den Tisch zurück. Wenn du lieber im Rhythmus 4:4 oder 6:6 atmest, so versuche es auf diese Weise. Nach der Arbeit mit deinem rechten Arm wechsle über zum linken.

Ätherische Hände und farbige Kugeln

Reiniget die Hände, und machet eure Herzen keusch.

Jakobus 4,8

Lege deine Hände auf den oberen Teil deines Bauches, wo sich der Solarplexus befindet. Schließe die Augen. Hebe deine ätherischen Hände aus den materiellen heraus. Sieh deine ätherischen Hände schneeweiß. Bewege sie einige Male aus deinen materiellen Händen heraus und wieder zurück. Fühle den empfindungsgebenden Äther in allen vier Händen. Hebe nun deine ätherischen Hände so vor die Augen, daß sich die Fingerspitzen berühren. Sieh, wie in dem Raum zwischen deinen ätherischen Händen ein weißes Licht zu wachsen beginnt. Es wird heller und heller, bis es eine leuchtende Kugel bildet, die durch deine Hände und Finger hindurchstrahlt.

Gib der strahlend weißen Kugel nun mit Hilfe von prägendem Äther eine kanariengelbe Tönung. Jetzt erglüht die Kugel durch das beruhigende, kanariengelbe Licht des Logos. Während du deine ätherischen Hände fühlst und siehst, fühlst du zugleich deine materiellen Hände, die übereinander auf dem Solarplexus ruhen. Atme tief und ruhig.

Richte deine ganze Aufmerksamkeit nun wieder zurück auf deine ätherischen Hände und auf die Lichtkugel, die sie umschließen. Sieh, wie der gelbe Farbton der Kugel nun in ein klares, smaragdgrünes Licht übergeht. Atme tief und ruhig. Du fühlst sowohl deine ätherischen als auch deine materiellen Hände; du nimmst wahr, daß du vier Hände hast. Lege deine ätherischen Hände auf den Brustkorb. Atme das smaragdgrüne Licht ein. Du füllst deine Lungen mit Stärke und Vitalität.

Nun senke deine ätherischen Hände und lege sie zurück in ihre materielle Form. Sieh, wie die Hände ihr helles, weißes Leuchten wieder annehmen. Atme noch einmal tief ein und bete in einfachen Worten, daß diese Hände - alle vier - der Heilung und dem Leben dienen mögen.

Die Kerzenflamme

Denn du erleuchtest meine Leuchte; der Herr, mein Gott,
macht meine Finsternis licht.

Psalm 18,29

Nachdem du nun mit einiger Fertigkeit deine ätherischen Hände gebrauchen kannst, möchtest du vielleicht folgende Übung versuchen.

Lege deine rechte materielle Hand auf den rechten Oberschenkel. Atme tief und ruhig und beginne deine Finger zu bewegen. Schließe die Augen und studiere jede Einzelheit deiner Hand und ihres weißen ätherischen Doppels. Hebe den ätherischen Arm aus seiner materiellen Form und bewege ihn vor deinen geschlossenen Augen. Betrachte eingehend die Hand: die Fingerknöchel, die Nägel und die feinen Hautlinien an den Fingerspitzen.

Erschaffe in deinen ätherischen Händen aus der ätherischen Vitalität in der Luft eine große, weiße Kerze. Fühle, wie jeder Finger einen anderen Teil der Kerze berührt. Bewege deine ätherische Hand nun mit Hilfe des kinetischen Äthers an der Kerze entlang. Achte darauf, wie sich das kühle Wachs und ihre Festigkeit in deiner Hand anfühlen.

In deinem Herzen brennt ein Feuer, ein immerwährendes Feuer der Liebe, der Güte und des Mitgefühls. Entzünde die Kerze mit diesem Feuer aus deinem Herzen.

Betrachte die Flamme. Merkst du, daß sie um die Basis des brennenden Dochtes ein wenig dunkler ist? Außer- und oberhalb dieses dunkleren Teils ist die Flamme heller, zunächst orange und nach oben hin goldgelb.

Wenn du neidisch, zornig oder verärgert bist, beginnt die Flamme zu flackern. Beruhige sie, indem du deine Gedanken und Emotionen entspannst. Laß jedes Verlangen, jeden

Gedanken und jede Emotion durch die Flamme ziehen und läutere Herz und Sinn:

Sieh zunächst alle deine fehlgeleiteten Gedanken, Vorurteile und Verurteilungen aus deinem Kopf strömen und durch die Flamme ziehen. Als nächstes gestatte aller Bitterkeit, Eifersucht und vergiftender Unzufriedenheit, dein Herz zu verlassen und von der Flamme geläutert zu werden. Schließlich entlasse allen Ärger und Haß, die sich in deinem Solarplexus angesammelt haben, in die Flamme. Diesen Elementalen, die eine schwere Belastung deines Bewußtseins sind, wird entweder vom Feuer ihre Energie entzogen und sie werden ins kosmische Bewußtsein* geschickt, oder sie werden dir geläutert zurückgegeben.

Deine derzeitige Persönlichkeit ist nun durch die Flamme geläutert worden. Sieh die Flamme ruhig, groß und aufrecht. Sie ist jetzt still. Ihr Licht ist klar, ihre Farbe ist hell.

Wenn die Flamme vollkommen still ist und du dich ganz in deiner Mitte und geläutert fühlst, sage dem Logos Dank. Gib die Flamme in dein Herz zurück und löse die Kerze langsam auf.

Diese Reinigungsübung sollte einmal wöchentlich - vorzugsweise sonntags - durchgeführt werden, um alle armseligen Gedanken und Emotionen zu verbrennen.

HEILEN MIT LICHTKUGELN

Mein Lieber, ich wünsche in allen Stücken, daß dir's wohl gehe und du gesund seiest, wie es denn deiner Seele wohl geht.

3. Johannes 2

Psychotherapeuten können durch Fernbehandlung viel Gutes tun, wenn sie gelernt haben, wie Lichtkugeln zu erschaffen und auszusenden sind. Sie müssen üben, solche heilenden Elementale zu erschaffen und jedes mit dem aufrichtigen Wunsch zu laden, daß die Kugel helfen möge, die Ordnung in einer aus dem Gleichgewicht geratenen Persönlichkeit wiederherzustellen. Lichtkugeln können zur Hilfe für einzelne, für Familien oder sogar für ganze Gemeinschaften ausgesandt werden.

Ein Psychotherapeut kann sich im Visualisieren üben, um psychonoetische Lichtkugeln geeigneter Farben zu erzeugen. Jede Farbe hat eine spezifische Schwingung und vermag einen Mangel in einer Persönlichkeit positiv zu beeinflussen.

Lichtkugeln zu konstruieren, ist ein Akt des Gebets. Was aber ist Gebet? Das Gebet ist die Erschaffung von engelhaften Elementalen.

Es gibt wichtige Zusammenhänge zu bedenken und zu verantworten, bevor man sich dieser Arbeit widmet. Ein Aspekt ist eine ethische Angelegenheit. Wir müssen sicher sein, daß der Empfänger der Lichtkugel um unsere Hilfe gebeten hat. Weiter müssen wir genügend Kenntnisse über und Erfahrung mit den geeigneten Farben erworben haben, die für verschiedene Störungen erforderlich sind. Der Einsatz einer Farbe, die in der gegebenen Situation nicht angebracht ist, kann leicht den Zustand verschlimmern.

Wie bei allen Bemühungen um Heilung müssen wir uns darüber im klaren sein, daß es Gottes Wille und der göttliche Plan sind, die eine Heilung zulassen. Heilung kann nur geschehen, wenn der Ursprung des Leidens aufgelöst ist. Da Krankheit aus der Persönlichkeit kommt, kann sie nur innerhalb der Persönlichkeit korrigiert werden. Äußerliche Hilfe ist nur möglich, wenn im Innern der Boden für eine Heilung bereitet ist. Sowohl unsere Fähigkeit zu helfen als auch die Bereitschaft des Empfängers, eine Lösung zu finden, setzen uns Grenzen. Was bestimmt, sind Gottes Gesetz, Barmherzigkeit und Gnade.

Schließlich müssen wir, wenn wir ätherische Vitalität mit anderen teilen, sicher sein, daß unsere »Gaben« rein sind. Wenn in uns Feindseligkeit oder Ablehnung schwelt oder irgendein Empfinden nistet, wir seien bei diesem Austausch überlegen, dann ist es besser, daß wir zuerst an uns selbst arbeiten. Joshua lehrt: »Gehe zuerst hin und versöhne dich mit deinem Bruder; alsdann komm und opfere deine Gabe.« [Mt 5,24]

Wenn du eine Lichtkugel erschaffst, so visualisiere das Gesicht des Menschen, dem du zu helfen wünschst, indem du es dir aus der Erinnerung in den Sinn rufst oder indem du sein Photo in der Hand hältst. Wo immer er sich auf dem Planeten gerade aufhält, die Lichtkugel wird zu ihm gelangen und in sein ätherisches Doppel eingehen.

Wenn eine Person emotionell (psychisch) verwirrt ist und sich unberechenbar verhält oder von starken Begierden geplagt

wird, so sende eine himmelblaue Lichtkugel zu ihrem Solarplexus.

Wenn die inneren Organe eines Menschen in Unordnung
sind, oder wenn jemand an Arthritis, Rheumatismus oder
allgemeinem körperlichen Unbehagen leidet, so schicke
smaragdgrünes Licht zu seinem Solarplexus.

Wenn jemand von einer Blutvergiftung, einer Virusinfek-
tion oder einer hormonellen Störung betroffen ist, so erschaffe
eine kleine Kugel aus intensiv orangem Licht. Sende diese
Kugel in die Schilddrüsengegend des Leidenden.

Rotes Licht verleiht Stärke. Wenn jemand sehr schwach
oder blutarm ist und es an körperlicher Energie mangelt,
kannst du eine Kugel aus rotem Licht zu seinem Herzzentrum
schicken. Dort wird sie sich ausdehnen und eine ovale Form
annehmem, um diesen Menschen mit Energie zu erfüllen.
Wenn du die Kugel mit dem starken Wunsch aufgeladen hast,
dem Menschen zu helfen, wird er davon profitieren. Niemals
jedoch sende rotes Licht zu einer furchtsamen, nervösen oder
herzkranken Person, denn sie könnte ihr schaden.

Wenn ein Freund durch eine Phase geringer Selbstachtung
geht oder wütend und möglicherweise gewalttätig ist (das geht
oft miteinander einher), so schicke eine Kugel rosafarbenen
Lichtes zu seinem Herzzentrum. Dies wird den Leidenden
beruhigen, da Rosa die Farbe der Liebe ist.

Wenn jemand bedrückt, erschöpft und vom Leben ermüdet ist oder Schwierigkeiten hat, klare Gedanken zu fassen und
seine Prinzipien und Ideale zu erkennen (noetische Störungen), so schicke ihm eine kanariengelbe oder goldene Lichtkugel. Sie wird in sein Kopfzentrum eingehen und ihm helfen,
die Dinge klarer zu sehen.

Wenn du unsicher über die Natur einer Erkrankung bist,
oder wenn gleich mehrere Leiden vorliegen, so schicke eine

weiße Lichtkugel. Weiß ist an und für sich keine Farbe, sondern eine Kombination aller Farben. Das Licht wird durch den Kopf des Empfängers eingehen, eine ovale Form annehmen und sich dann ausdehnen, bis es seinen ganzen Körper umgibt. Die Erzengel werden dem weißen Licht die passenden Farben entnehmen, um jedes einzelne Problem anzusprechen.

Viele wollen Freunden und Angehörigen helfen, die hinübergehen oder bereits den Schritt auf die andere Seite gemacht haben. Sehe sie in weißes Licht gehüllt (nimm keine andere Farbe) und bete, daß sie Ruhe und Frieden finden. Versäume nicht, den Wunsch anzuschließen, daß sie weitergehen. Binde sie nicht mit deinem Kummer an diese Welt.

Lichtkugeln und heilende Hände

Du wirst feststellen, daß du bei der Erschaffung von Lichtkugeln deine Hände magnetisierst, das heißt sie mit Heilungskraft auflädst. Folgende nützliche Übung können Schüler des Heilens täglich praktizieren, die das Verlangen haben, gute Gefäße für den Heiligen Geist zu werden. Für die Heilungsarbeit ist eine verfeinerte Fähigkeit unumgänglich, die Schwingungen in euren Händen zu beherrschen. Jede Farbe besitzt spezifische Schwingungen, die durch Willenskraft und Visualisieren abgerufen werden können, um Störungen des Energiegleichgewichts zu korrigieren.

Schließe die Augen. Lege die Fingerspitzen deiner materiellen Hände aneinander und konzentriere dich auf den Raum zwischen deinen Handflächen. Mit Hilfe des empfindungsgebenden Äthers fühlst du den Raum. Nun erschaffe mit prägendem Äther eine Kugel aus weißem Licht, die den Raum zwischen deinen Händen ausfüllt. Die Kugel lädt sich mit Energie auf und strahlt helles, weißes Licht aus. Spüre, wie von der Kugel und deinen Händen Wärme ausströmt. Atme einige Male tief durch und entspanne dich.

Halte weiterhin die Lichtkugel und sieh, wie sie smaragdgrün wird. Jedesmal, wenn du einatmest, wird die smaragdgrüne Tönung der Kugel strahlender. Atme tief und ruhig.

Sieh, wie die Lichtkugel sich allmählich himmelblau färbt. Atme tief und ruhig. Die Kugel leuchtet in blauem Licht, und in deinem materiellen Körper macht sich ein Gefühl des Behagens breit.

Nach einer Weile beginnt die Kugel, rosafarbenes Licht auszustrahlen, und mit jedem tiefen Atemzug wird ihre Tönung vollkommener.

Laß das rosafarbene Licht der Kugel nun in ein feuriges Rot übergehen. Jetzt hältst du eine Kugel aus mentalem Feuer zwischen den Händen. Du kannst ihre Hitze regelrecht fühlen, doch sie verbrennt dich nicht. Sie fühlt sich gut an und erfüllt deinen psychischen Körper mit Vitalität.

Während das Rot zurückweicht, wird die Kugel goldgelb. Halte sie einige Minuten lang. Du bemerkst, daß es dir leichtfällt, deine Gedanken in Ordnung zu bringen. Frieden ist in dein Denken eingekehrt. Deine Hände werden zu gesegneten, heilenden Händen.

Sieh mit deinen ätherischen Augen, wie deine materiellen Hände schneeweiß werden, als würdest du leuchtende Handschuhe aus strahlendem Licht tragen. Atme tief im Rhythmus 4:4 und konzentriere gedanklich Energie in deinen Armen, von den Schultern bis zu den Fingerspitzen. Nun nimmt die Lichtkugel eine klare, smaragdgrüne Tönung an, und gleichzeitig übernehmen auch deine Hände das smaragdgrüne Licht. Atme weiterhin im Rhythmus 4:4.

Als nächstes sieh die Färbung der Kugel von Smaragdgrün ins Himmelblau übergehen, und bald danach werden auch deine Hände blau.

Nun sieh, wie das Himmelblau sich in Rosa verwandelt, und entsprechend verändert sich die Farbe deiner Hände. Jetzt hast du rosafarbene Hände.

Als nächstes wandelt sich die Färbung der Lichtkugel und deiner Hände in ein tiefes Rot. Atme das Licht ein und fülle deine Lungen mit dieser Energie.

Die Lichtkugel und deine Hände werden jetzt kanariengelb. Die Fingerspitzen berühren sich weiterhin, du legst die Daumen auf deine Brust und atmest ätherische Vitalität ein. Nimm bewußt wahr, wie die Energie von den Händen in deinen Brustkorb fließt. Bitte den Heiligen Geist, deine Hände zu segnen, um anderen zu helfen.

Das Erschaffen von Kugeln heilenden Lichtes

Entspanne dich und strecke deine materiellen Arme vor dir aus. Halte die Hände etwa 15 Zentimeter auseinander.

Atme im Rhythmus 4:4. Du wirst nun eine Kugel aus himmelblauem Licht erschaffen. Sieh eine himmelblaue Kugel in deinem Solarplexus. Bei jedem Einatmen ziehst du ätherische Vitalität aus der Atmosphäre in deine Lungen und den Solarplexus, von wo sie sich in alle Teile deines Körpers ausbreitet. Auch deine Arme erstrahlen in himmelblauem Licht.

Sammle das Licht zwischen deinen Händen. Es beginnt als eine kleine blaue Kugel, die sich allmählich ausdehnt, bis sie den Raum zwischen deinen Händen füllt. Wenn die Kugel vollständig ist, drehe sie zwischen den Händen. Wirf sie behutsam in die Luft und laß sie zwischen deine Hände zurückkehren, wo du sie vorsichtig auffängst. Du kannst ihre Festigkeit fühlen. Du kannst ihre Energie fühlen.

Nun bist du bereit, sie auszusenden. Besinne dich einfach einige Minuten lang auf den Empfänger und bete, daß diese Kugel ihm helfen möge; dann laß zu, daß sie deine Hände verläßt. Es spielt keine Rolle, wo die Person sich aufhält; die Kugel wird sie erreichen.

Um eine Kugel aus rosa oder rotem Licht zu erschaffen, sieh, wie in deinem Herzen eine Flamme entzündet wird. Sie wächst und dehnt sich aus, bis sie eine vollkommen runde Kugel bildet. Erlaube dem Licht, von der Kugel durch deine Arme hinabzufließen, in deine Hände und zwischen deine Handflächen. Dort nimmt jetzt eine Kugel aus rosa oder rotem Licht Form an. Wenn sie vollständig geformt ist, entlasse sie mit all deiner Liebe zu der Person, die ihrer bedarf.

Für eine Kugel aus orangem Licht ist es notwendig, das Licht aus deinem Herzen (rosa-rote Farbe) mit dem Licht aus deinem Kopfzentrum (gelbe oder goldene Farbe) zu verbinden. Laß gleichzeitig eine Kugel im Herzen und eine andere im Kopf entstehen. Sieh, wie gelbes oder goldenes Licht von deinem Kopf durch die Arme und in deine Hände hinabfließt, wo es mit einem Strom rosaroten Lichtes aus deinem Herzen zusammentrifft und sich vereint. Gemeinsam bilden sie zwischen deinen Handflächen eine leuchtend orange Kugel von der Größe eines Tennisballs. Schicke sie zur Kehle einer Person mit einem Schilddrüsenproblem.

Erhalte das goldgelbe Licht rund um deinen Kopf vollkommen. Laß dein Herzzentrum ruhig werden. Lenke nun das goldgelbe Licht durch deine Arme hinunter in den Raum zwischen deinen Handflächen. Wenn du hier eine goldene oder kanariengelbe Lichtkugel erzeugt hast, so sende sie aus zu einer Person mit noetischen Störungen.

Du wirst feststellen, daß sich jede Farbe anders anfühlt und eine eigene Schwingung besitzt. Entspanne deine Arme nach jeder Anstrengung und arbeite nicht länger als fünfzehn Minuten ohne Pause. Nach einiger Zeit wirst du solche Lichtkugeln zwischen deinen ätherischen Händen erschaffen können. Je geübter und erfahrener du beim Erschaffen und Aussenden der Kugeln wirst, desto besser wirst du spüren, wann die Kugeln vom Empfänger angenommen werden und welche weitere Hilfe du bieten kannst.

Lichtkugeln zur Selbstheilung

Hebe deine ätherischen Arme und strecke sie vor dir aus. Sie sind in weißes Licht getaucht, und in deinen Händen befindet sich eine Kugel aus himmelblauem Licht. Atme tief im Rhythmus 4:4. Du konzentrierst dich und atmest bewußt, dabei nimmt die Lichtkugel das strahlende Blau an, das so typisch ist für die Farbe des Mittagshimmels am Mittelmeer. Bringe diese schöne blaue Lichtkugel in deinen Solarplexus und atme das intensiv blaue Licht ein.

Strecke von neuem deine ätherischen Hände vor dir aus. Atme im Rhythmus 4:4 und sieh, wie eine rosa Kugel in deinen Händen Gestalt annimmt. Mit jedem Atemzug wird ihre Tönung kräftiger. Wenn du eine vollendete Lichtkugel aus reinem, strahlend rosafarbenem Licht hast, lege sie dir auf den Brustkorb und laß dein Herz ihr Licht absorbieren.

Strecke deine ätherischen Hände vor dir aus, sieh und halte eine Kugel aus strahlend goldenem Licht. Fülle diese goldene Kugel mit ätherischer Vitalität und führe sie an deine Stirn oberhalb der Nasenwurzel. Laß das Licht der Kugel deinen Kopf ausfüllen und sich als glänzenden Strahlenkranz um den Kopf ausbreiten.

Laß das rosa Licht aus deinem Herzen mit dem goldenen Licht um deinen Kopf verschmelzen und visualisiere eine Kugel aus orangem Licht in deinen ätherischen Händen. Gestalte dieses orange Licht - eine Verschmelzung von Herz und Sinn - zu einer kleinen Kugel. Lege diese im Bereich der Schilddrüse auf deine Kehle. Empfinde zutiefst den Wunsch, daß dein Blut sauber und rein sein möge.

Erzeuge schließlich eine Kugel aus dem leuchtend, weißen Licht des Lebens. Atme tief, bis sie reines, schneeweißes Licht ausstrahlt. Laß deine weißen, ätherischen Arme eine rosa Färbung annehmen - das Licht der logoischen Liebe. Betrachte und beobachte den Kontrast zwischen der weißen Lichtkugel und deinen rosafarbenen Armen. Weihe dich Joshua.

Sieh, wie sich die weiße Kugel langsam auflöst und sich in deinen rosafarbenen, ätherischen Händen zu verlieren scheint. Sobald sie ganz absorbiert ist, wünsche deiner derzeitigen Persönlichkeit und ihren drei Körpern gute Gesundheit.

REINIGEN UND SCHÜTZEN UNSERER DREI KÖRPER

Ich lache, wenn ich höre, der Fisch im Wasser sei durstig.

Kabir

Wir schwimmen in einem Ozean ätherischer Vitalität, die den Erdball umgibt und durchdringt. Durch Atmung, Sonnenschein, Ruhe und Nahrung nehmen wir diese ätherische Energie in unsere Körper auf, um Gesundheit und Wohlbefinden zu erhalten und wiederherzustellen. Die ätherische Vitalität ist für unsere Gesundheit nicht weniger wichtig als unser warmes Blut. Jeder Mensch hat Gewohnheitsmuster entwickelt, die bestimmen, wie sein Vorrat ätherischer Vitalität erneuert und wie diese vitale Energie verausgabt wird. Keiner hat mehr Zugang zur ätherischen Vitalität als der andere, jedoch haben manche gelernt, sie bewußter aufzunehmen. Viele allerdings erschöpfen ihre Reserven gedankenlos und sind dann müde und übellaunig oder erkranken sogar.

Nehmen wir an, wir erhalten jeden Tag 100 Einheiten ätherischer Vitalität zugeteilt. 40 Einheiten brauchen die Erzengel, um die Gesundheit in unserem Körper aufrechtzuerhalten. Für unser Leben und tägliches Tun verbrauchen wir weitere 40 Einheiten ätherischer Vitalität. Die verbleibenden 20 Einheiten sollten für den Tag ausreichen, wenn wir frei von Streß und seinen Auswirkungen leben.

Wenn dein Leben über Gebühr von Streß belastet ist, wirst du feststellen, daß die übrigen 20 Einheiten von Sorgen und Ängsten aufgefressen werden. Wenn du zu Wutanfällen, Depressionen oder Phasen des Selbstmitleids neigst oder übertriebener Eifersucht frönst, beraubst du dich selbst aller lebenspendenden Energie und wirst erschöpft und verwundbar. Wenn du jedoch friedlich, lebensfroh und zufrieden bist, wirst du eine Fülle von Energie zur Verfügung haben, die du mit anderen teilen kannst.

Die folgenden Übungen werden dir helfen, die Kraft in deinen Körpern wiederherzustellen und vorbeugend Leiden zu vermeiden, doch sie sind keinesfalls ein Ersatz für die Arbeit an der Verfeinerung deiner Persönlichkeit. Wir müssen das selbstzerstörerische Verhalten, uns wie besessen niederen Emotionen und Begierden hinzugeben, ablegen und hinter uns lassen. Das ist die eigentliche vorbeugende Arbeit, die unser Leben freimachen wird von Kummer, Leid und Krankheit.

Eine Lichthülle

Ihr seid allzumal Kinder des Lichts
und Kinder des Tages;
wir sind nicht von der Nacht, noch von der Finsternis.

1. Thessalonicher 5,5

Im Laufe des Tages fühlen wir uns hin und wieder ermattet vom endlosen Tätigsein. Von Zeit zu Zeit ist es notwendig, daß wir innehalten und einen Ausgleich suchen, damit der Streß unseres hektischen Lebens nicht zu einer Schwächung der Gesundheit führt.

Setze dich bequem an einen ruhigen Ort. Laß deine Gedanken und Emotionen still und ruhig werden, laß alle deine Sorgen los.

Fühle, wie ätherische Vitalität mit dem Atem deine Lungen erfüllt und sich im ganzen Körper ausbreitet. Die Lungen nehmen Sauerstoff auf, doch die ätherische Vitalität verteilt sich im ganzen Körper.

Durch das Atmen wird ein Licht in dir entfacht. Mit jedem Einatmen wird dieses innere Licht heller und heller. Wenn du ausatmest, verläßt dich alle Dunkelheit aus dem Innern. Das Licht strahlt weiter aus, und dein ganzer Körper leuchtet jetzt von weißem Licht. Sieh, wie es über die Körperoberfläche hinausstrahlt und eine eiförmige Gestalt annimmt. Dieses schneeweiße Lichtoval umgibt dich gleichmäßig auf allen Seiten.

Atme das weiße Licht ein. Du bist rein, gesund und voller Energie. Wünsche deinen drei Körpern und deiner derzeitigen Persönlichkeit gute Gesundheit.

Wir empfehlen dir, diese Übung nach der abendlichen Innenschau zu praktizieren oder am Morgen, bevor du das Haus verläßt. Wenn du dich in einen Mantel aus weißem Licht hüllst, ist dies von doppeltem Nutzen. Erstens trägst du dazu bei, deinen Energievorrat aufrechtzuerhalten, indem du verhinderst, daß ätherische Vitalität ohne dein Wissen aus deinem ätherischen Doppel sickert. Zweitens bremst die Lichthülle jegliche negativen Elementale, ob sie gezielt auf dich gerichtet sind oder in der gemeinsamen Atmosphäre treiben.

Gesundheit

Entspanne dich ganz. Atme tief, aber ohne Anstrengung. Lenke deine Aufmerksamkeit in die Sohlen deiner Füße, dann in die Unterschenkel, die Knie und die Oberschenkel. Spüre, daß du in beiden Beinen bist. Fühle sie. Sei dir deiner Beine bewußt. Du gebrauchst sowohl den empfindungsgebenden als auch den kinetischen Äther. Sieh deine Beine umgeben und durchdrungen von reinem weißem Licht.

Nun gehe nach oben zu deinem Bauch und laß im Zentrum deines Solarplexus eine himmelblaue Kugel entstehen, die sich immer weiter ausdehnt, bis sie 5-10 cm über die Oberfläche des materiellen Körpers hinausragt. Die Kugel sollte vollkommen rund sein und etwa die Größe eines Wasserballs haben. Richte deine Aufmerksamkeit gleichzeitig auf deine leuchtend weißen Beine und die blaue Lichtkugel. Atme tief.

Sieh in deinem Brustkorb eine Kugel aus rosafarbenem Licht. Sie ist etwas kleiner als die Kugel, die in deinem Solarplexus strahlt. Sie breitet sich über deine Brust hinaus. Obwohl sie die blaue Kugel teilweise überschneidet, vermischen sich weder ihre Farben noch ihre Form. Deine Arme und Beine sind in schneeweißes Licht getaucht, dein Solarplexus verstrahlt himmelblaues Licht und von der Mitte deines Brustkorbes breitet sich eine Kugel aus rosafarbenem Licht aus. Atme tief.

Bleibe mit deiner Aufmerksamkeit bei allen Farben und bewege dich gleichzeitig wahrnehmend in den Hals. Sieh dort, bei der Schilddrüse, eine hellorange Kugel von der Größe einer Apfelsine.

Geh weiter hinauf und sieh, wie ein goldenes Licht aus der Mitte deines Kopfes ausstrahlt und diesen ganz umgibt. Atme tief ein und visualisiere deinen ganzen Körper in dieser Farbenpracht. Jede Lichtkugel strahlt in ihrer eigenen Farbe.

Die Farbsphären überschneiden sich, ohne daß sich die Farben vermischen. Du bist mit dem Gefühl vollkommener Gesundheit gesegnet.

Atme dieses verschiedenfarbene, lebenspendende Licht ein. Wünsche allen deinen Körpern gute Gesundheit und erlaube dem Frieden, in deinem Herzen zu regieren. *Dein Reich komme, dein Wille geschehe, wie im Himmel so auf Erden.* [vgl. Mt 6,10]

Gesundheit und Unterbewußtsein

Der sechszackige Stern ist das universelle Symbol der Schöpfung. Der fünfzackige Stern ist das archetypische Symbol der menschlichen Form und einer ausgeglichenen Persönlichkeit. Wenn du diese Symbole in einer Übung anwendest, stellst du dich in die Harmonie des göttlichen Plans und die Vollkommenheit der menschlichen Form. Wenn du deine drei Körper auf diesen grundlegenden Zustand der Gesundheit und des Wohlbefindens ausrichtest, wirst du die selbstbewußte Kontrolle über dein Unterbewußtsein erlangen.

Fühle deine Beine von den Zehen bis zur Sitzfläche. Sieh, wie sie bläuliches Licht ausstrahlen. Nimm deine Aufmerksamkeit nicht von den Beinen weg, aber dehne deine Wahrnehmung in den Bauch hinauf aus. Sieh, wie dein ganzer Körper von dem blauen Licht durchdrungen ist. Im Zentrum des Solarplexus siehst du ein smaragdgrünes Licht, rund und strahlend wie ein Edelstein.

Gehe weiter hinauf zur Brust und sieh dort eine rosafarbene Lichtkugel mit einer kleinen, goldenen Sonne in ihrer Mitte. Atme tief und sieh, wie das rosa Licht an Intensität zunimmt und sich ausdehnt, bis auch deine Schultern und Arme dieses rosa Licht ausstrahlen. Deine Beine und Füße strahlen weiterhin in blauem Licht. Nun sieh eine Kugel aus orangefarbenem Licht auf deiner Schilddrüse, und ein kanariengelbes oder goldenes Licht von deinem Kopf ausströmen.

Fühle deinen ganzen Körper und atme tief und ruhig. Dein Kopf erstrahlt in einem goldenen Schein, deine Schultern, Arme und Brustkorb in einem rosa Licht, Beine und Bauch in einem blauen Licht und der Solarplexus in einem smaragdgrünen Licht. Sieh alle Farben.

Nun konzentriere dich auf den goldenen Schein, der rundum etwa fünfzehn Zentimeter über deinen Kopf hinausstrahlt. Verweile etwas in diesem Strahlenkranz. Nun sieh, wie dein ganzer Körper schneeweiß wird. Dein Körper ist jetzt von einem beruhigenden, weißen Licht umgeben.

Blicke wieder auf deinen Solarplexus und sieh dort einen vibrierenden, smaragdgrünen, fünfzackigen Stern. Schau in deine Brust: Auf dem Herzzentrum hat sich ein gelber, sechszackiger Stern gebildet. Der Strahlenkranz um deinen Kopf hat die Form eines goldenen Dreiecks angenommen, dessen Basis auf deinen Schultern ruht und dessen Spitze nach oben weist; so umgibt es den ganzen Kopf.

Der sechszackige Stern bedeutet Schöpfung in göttlicher Harmonie. Der fünfzackige Stern ist die menschliche Form, ausgeglichen und gesund.

Atme tief und befiehl deinem Unterbewußtsein:

Ich will vollkommene Gesundheit in meinem materiellen Körper.

Ich will Ordnung und Frieden.

Ich will völlige Kontrolle über meinen psychischen Körper.

Ich will meine Emotionen und Wünsche meistern.

Ich will völlige Kontrolle über meinen noetischen Körper.

Ich will, daß sachliche und konstruktive Gedanken mein Leben beherrschen.

Teile deinem Unterbewußtsein weiter mit:

Meine Gedanken werden mich nicht länger versklaven, meine Emotionen werden mich nicht länger plagen, und mein physischer Körper ist rein und kräftig. Ich bin Herr meiner grobstofflichen, psychischen und noetischen Körper. Ich fühle mich stark und gesund in allen drei Körpern! Ich bin Herr meines Schicksals!

Ihr habt gehört, daß da gesagt ist: »*Auge um Auge, Zahn um Zahn.*« *Ich aber sage euch, daß ihr nicht widerstreben sollt dem Übel, sondern so dir jemand einen Streich gibt auf deinen rechten Backen, dem biete den andern auch dar, und so jemand mit dir rechten will und deinen Rock nehmen, dem laß auch den Mantel, und so dich jemand nötigt eine Meile, so gehe mit ihm zwei. Gib dem, der dich bittet, und wende dich nicht von dem, der dir abborgen will. Ihr habt gehört, daß gesagt ist:* »*Du sollst deinen Nächsten lieben und deinen Feind hassen.*« *Ich aber sage euch: Liebet eure Feinde, segnet, die euch fluchen, tut Wohl denen, die euch hassen, bittet für die, so euch beleidigen und verfolgen, auf daß ihr Kinder seid eures Vaters im Himmel; denn er läßt seine Sonne aufgehen über die Bösen und über die Guten, und läßt regnen über Gerechte und Ungerechte. Denn so ihr liebet, die euch lieben, was werdet ihr für Lohn haben? Tun nicht dasselbe auch die Zöllner? Und so ihr euch nur zu euern Brüdern freundlich tut, was tut ihr Sonderliches? Tun nicht die Zöllner auch also? Darum sollt ihr vollkommen sein, gleichwie euer Vater im Himmel vollkommen ist.*

Matthäus 5,38-48

INNENSCHAU UND GEMEINSAME SELBSTHEIT

Ein neues Gebot gebe ich euch,
daß ihr euch unter einander liebet,
wie ich euch geliebt habe,
auf daß auch ihr einander lieb habt.

Johannes 13,34

Liebet eure Feinde, tut Wohl und leihet,
daß ihr nichts dafür hoffet, so wird euer Lohn groß sein,
und ihr werdet Kinder des Allerhöchsten sein,
denn er ist gütig über die Undankbaren und Boshaftigen.

Lukas 6,35

Wir alle haben unsere eigenen Gründe und Erlebnisse, die uns veranlassen, unseren nach außen gerichteten Blick nach innen zu wenden. Viele werden zunehmend desillusioniert von den materialistischen Kulturen und Denkweisen, die heute den Erdball zu überziehen und jeden Aspekt unserer Existenz zu durchdringen scheinen. Wir sind betroffen angesichts des Paradoxons, daß materieller Wohlstand mit dem Preis spiritueller Armut zu bezahlen ist. Mit der Distanzierung vom Nächsten wächst die Entfernung von unserem inneren Selbst. So kommen wir dazu, uns von dem äußeren Chaos abzuwenden und eine innere Klarheit, eine innere Stille zu suchen.

Doch viele von uns stoßen bei ihrer Arbeit bald an Grenzen. Es fällt uns schwer, alle unsere Sorgen, Ängste und Zweifel loszulassen. Ablenkungen und Zerstreuungen aller Art umzingeln und locken uns, und oft sind wir außerstande, genügend Willenskraft aufzubringen, um allen Widerstand zu überwinden. Wir fühlen uns gefangen in einem Kreislauf, der nur schwer zu durchbrechen ist. Es mangelt uns an Glauben und Vertrauen.

Glauben und Vertrauen transformieren die Persönlichkeit, so daß sie ihre innere Natur besser zum Ausdruck bringen kann. Joshua sprach davon, als er sagte: »Dein Glauben hat dir geholfen.« [Mt 9,22] Alle Menschen, die er zu heilen vermochte, hatten bereits an ihrer inneren Transformation gearbeitet. Glauben als solcher ist eine aktive Tugend, in der die Entschlossenheit, mehr vom Göttlichen zu erfahren, den Menschen motiviert, seine egoistischen Neigungen zu überwinden, die ihn behindern und die ihm geschadet haben. Durch Glauben lassen wir langsam und systematisch von den hinderlichen Emotionen und Begierden ab, die uns den Zugang zu höheren Energien verwehren.

Es heißt, daß »wir niemals wissen, wie krank wir wirklich sind, bis wir anfangen, den Weg zur Genesung zu beschreiten«. Solange Schuldgefühle und Reue* nicht überstark werden, sind wir sorgfältig darauf bedacht, uns davor zu schützen, das wahre Ausmaß unserer Verderbtheit zu sehen. Eine der schwierigsten Aufgaben eines Wahrheitsforschers ist es, sich mit sich selbst zu konfrontieren und sich zu erlauben, den Schaden zu betrachten, den er sich selbst, seinen Angehörigen und Freunden zufügt. Das ist nicht einfach, aber es gibt keinen anderen Weg als die völlige und uneingeschränkte Ehrlichkeit sich selbst gegenüber.

Das wichtigste Mittel und die grundlegendste Übung der Wahrheitsforscher jeder Tradition und jedes Alters ist die tägliche Innenschau. Innenschau bedeutet, die Eigenschaften der derzeitigen Persönlichkeit zu erforschen, die sich in sich selbst und in Beziehung zu anderen Ausdruck verleiht.

Unsere derzeitige Persönlichkeit ist die Summe und Gesamtheit der Elementale, die wir selbst hervorgebracht oder aus der gemeinsamen psychonoetischen Atmosphäre übernommen haben. Elementale werden in unseren Charakter aufgenommen und bilden unsere Konstitution. Das Wachstum der derzeitigen Persönlichkeit beginnt bereits vor der Geburt mit den Zügen und Neigungen, die wir aus früheren Leben mitbringen. Die Persönlichkeit entwickelt sich zeitlebens und durch jede Erfahrung; dabei löst sie einige Probleme und erschafft neue Hindernisse für dieses und die vor ihr liegenden Leben.

Achtzig Prozent unseres Denkens und Tuns sind von unterbewußten Wünschen und Bedürfnissen bestimmt. Nur selten sind wir uns der Ursprünge unserer Wünsche bewußt, und doch diktieren sie viel von dem, was wir erleben, und bestimmen, in welchem Grade wir das Leben genießen oder unter ihm leiden. Solche Bedürfnisse und Wünsche sind in Wirklichkeit Gruppen von Elementalen, die wir immer dann mit ätherischer Vitalität nähren, wenn wir so handeln, daß wir ihr Verlangen nach Erfüllung zu stillen suchen.

Das heißt nicht, daß ein Unterbewußtes »schlecht« oder »gut« sei, denn bei den meisten Menschen ist es ein wenig von beidem. Das Unterbewußte ist sowohl unvermeidlich als auch von unschätzbarem Wert, und es kann dein bester Freund sein, wenn du ihm erlaubst, heilig-geistiger Intelligenz Ausdruck zu geben - oder dein schlimmster Feind, wenn es von niedrigen Begierden und ungezügelten Emotionen beherrscht wird.

Das Unterbewußte und die Persönlichkeit allgemein lassen sich sowohl in Quantität als auch in Qualität messen. Elementale lassen sich bewerten und auch zählen. Im großen Ganzen dient die Mehrzahl unserer Elementale egoistischen Zwecken, statt zur Verbesserung der gemeinsamen Selbstheit beizutragen. Die überwiegende Zahl der Schwierigkeiten, die uns begegnen, resultiert aus unserer Wiederbelebung niedriger Elementale.

Auch Meister besitzen ein Unterbewußtes. Doch bei Meistern ist der Anteil des Unterbewußten im Vergleich zum Grade ihrer Selbstbewußtheit geringer; darüber hinaus haben sie in ihr Unterbewußtes Eigenschaften wie Liebe und Mitgefühl eingepflanzt. Wenn wir das Unterbewußte eines Durchschnittsmenschen mit einem verseuchten Dschungel vergleichen, haben diese weiter entwickelten Menschen ihr Unterbewußtes zu einer friedlichen Wiese gestaltet. Und wenn ein Gärtner für seinen Garten sorgt, so wird der Garten für den Gärtner sorgen.

Die Innenschau ist eine ernsthafte Anstrengung, unser Unterbewußtes im Lichte der Selbstbewußtheit zu enthüllen, um unsere Motive und Aktivität bewußter wahrzunehmen. Dies ist ein Prozeß der Reinigung des Unterbewußten mit dem Ziel, uns selbst besser kennenzulernen und zunehmend Herr über das zu werden, was wir denken, fühlen, wünschen und tun. Wir sollten bestrebt sein, dafür zu sorgen, daß die Elementale, die unsere Persönlichkeit ausmachen, von Liebe, Einsicht und rechtem Denken geleitet werden.

Die Innenschau wird uns aus den engen Grenzen unserer derzeitigen Persönlichkeit hinausführen in einen erweiterten Zustand der Wahrnehmung. Unsere kleine Persönlichkeit wird sich unter den Fittichen unserer weisen permanenten Persönlichkeit bewegen, wenn auch nicht ganz ohne Protest. Wie du weißt, ist der Egoismus listig und wird versuchen, deine Bemühungen zu durchkreuzen, indem er als ein »Engel des Lichts« auftritt [2Ko 11,14]. Es ist also nötig, daß wir auf der Hut sind.

Durch bestimmte Übungen und vertieftes Verstehen werden wir nicht nur das Unterbewußte läutern, sondern auch Raum und eine geeignete Wohnstätte für den Logos und den Heiligen Geist schaffen, damit sich diese durch eine heilige Persönlichkeit Ausdruck verleihen können.

Wenn wir anfangen, Elementale aus unserer Persönlichkeit zu entfernen und ihnen ihre Energie zu entziehen, müssen wir Wachsamkeit und Vorsicht walten lassen, um das entstandene »Vakuum« mit nützlichen, guten Elementalen zu füllen. Elementale koexistieren in der Persönlichkeit in feiner Balance, und jede Umstrukturierung muß langsam und behutsam geschehen. Aus diesem Grunde braucht bleibendes spirituelles Vorankommen Zeit. Eine Persönlichkeit ist sorgfältig zusammengefügt - mit allen Vor- und Nachteilen - und die tägliche Innenschau ist ein sicherer Weg zur Verbesserung des zeitlichen Selbst im Hinblick auf eine selbstbewußte Verpflichtung zum göttlichen Plan.

Tägliche Innenschau

Ein Geduldiger ist besser denn ein Starker,
und der seines Mutes Herr ist, denn der Städte gewinnt.

Sprüche 16,32

Richtet nicht, so werdet ihr auch nicht gerichtet;
verdammt nicht, so werdet ihr nicht verdammt;
vergebet, so wird euch vergeben. Gebet, so wird euch gegeben.

Lukas 6,37-38

Jeden Abend, kurz vor dem Einschlafen (wenn das Unterbewußte durchlässiger ist), entspanne dich ganz und atme im Rhythmus 4:4. Im Bett liegend oder sitzend - versuche, nicht einzuschlafen! - beginne, dir den Tag von Anfang bis Ende ins Gedächtnis zu rufen. Betrachte die Ereignisse und Begegnungen dieses Tages. Stelle und beantworte dir dabei voller Verständnis und Nachsicht gegenüber dir selbst und anderen folgende Fragen:

Was habe ich gedacht oder gefühlt, was ich nicht hätte denken oder fühlen sollen?

Was habe ich *nicht* gedacht oder gefühlt, was ich hätte denken oder fühlen sollen?

Was habe ich gesagt, was ich nicht hätte sagen sollen?

Was habe ich *nicht* gesagt, was ich hätte sagen sollen?

Was habe ich getan, was ich nicht hätte tun sollen?

Was habe ich *nicht* getan, was ich hätte tun sollen?

Der Zweck dieser Selbsterforschung ist nicht, dich selbst oder andere zu tadeln (oder zu loben!), sondern einfach, dein Tun aus der Sicht eines unbeteiligten Betrachters zu studieren. Arbeite daran, dein Verhalten zu korrigieren. Im Laufe der Zeit und mit zunehmender Übung wird es dir immer besser gelingen, dich und dein Tun prüfend zu betrachten, und du wirst feststellen, daß sich Wachstum und Vertiefung deines moralischen, spirituellen und mystischen Lebens beschleunigen.

Lerne, einen Feind zu lieben

Hungert dein Feind, so speise ihn mit Brot;
dürstet ihn, so tränke ihn mit Wasser.

Sprüche 25,21

In der Gemeinde, selbst innerhalb der Familie geschieht es häufig, daß wir in Konflikte mit anderen geraten. Manchen fällt es schwer zu vergeben, und lange Zeit hegen sie Groll. Wenn wir uns bemühen, uns nach spirituellen Richtlinien zu entwikkeln, lernen wir bald, daß wir, wenn wir andere nicht mögen, uns selbst mehr schaden als dem Objekt unserer Feindschaft. Wut, Haß, Feindseligkeit und andere niedrige Emotionen verbrauchen sehr viel ätherische Vitalität und machen uns damit anfällig für psychische und körperliche Beschwerden. Wir lernen auch, daß es fruchtlos ist, andere zu hassen, da wir alle gleichermaßen zu der gemeinsamen Bruderschaft gehören. Buddha faßte es prägnant in die Worte: »Haß vermag niemals Haß zu beenden; Haß hört durch Liebe auf.«

Entspanne dich ganz. Rufe dir das Gesicht eines Menschen, mit dem du Probleme gehabt hast, in den Sinn. Vielleicht habt ihr vor kurzem über eine Kleinigkeit gestritten, oder vielleicht habt ihr schon seit Jahren nicht miteinander gesprochen, weil ihr euch gegenseitig enttäuscht habt. Das hat jetzt keine Bedeutung. Stelle dir einfach das Gesicht jener Person vor.

Wenn du Schwierigkeiten mit diesem Menschen hast, wirst du auf seinem Gesicht einen Ausdruck von Wut oder Unzufriedenheit erkennen. Das ist die Widerspiegelung deiner eigenen Empfindungen. Vergiß alle Differenzen, die eure Beziehung verletzt haben.

Sieh in deinem Herzen eine Sonne wachsen und ihr Licht immer weiter ausstrahlen. Das zartrosa Licht aus deinem Herzen erhellt und liebkost das Gesicht der Person vor dir.

*Reinige unser Herz, damit wir Deine Liebe wider-
spiegeln zu dir und zu allen Mitmenschen. Unsere
Liebe ist Deine Liebe.*

In Gedanken sage zu deinem Freund: »Ich wünsche keinerlei
Differenzen mehr zwischen uns. Laß uns die Vergangenheit
vergessen.« Du kannst Verständnis und Zustimmung in seinem
Gesicht erkennen. Diese Person kann dich nicht länger hassen.

Sieh nun diesen Menschen zufrieden und glücklich. Er
drückt dir gegenüber Liebe aus, und du erwiderst sie. Alle Differenzen sind wie fortgeblasen. Der Freund ist nun glücklich
und nicht länger aufgebracht.

Jetzt hast du ihm und dir selbst geholfen. Falls es dir
unmöglich erscheint, auf der materiellen Ebene zusammen-
zusein, ist auch das in Ordnung; auf den höheren Ebenen hast
du ja Frieden geschlossen. Du hast das Gift des Hasses und der
Anklage beseitigt, das die Persönlichkeit behindert und dem
materiellen Körper Krankheit bringt. Wünsche jener Person
gute Gesundheit und Glück.

Liebe deine Feinde

Was siehst du aber den Splitter in deines Bruder Auge,
und wirst nicht gewahr des Balkens in deinem Auge?

Matthäus 7,3

Die wahrlich lieben, haben nichts zu verzeihen.

Daskalos

Entspanne dich und atme im Rhythmus 4:4. Rufe dir eine Anzahl von Personen in den Sinn, gegen die du Bitterkeit hegst, oder Menschen, die dir feindlich gesonnen sind.

Jetzt ist die Zeit zur Versöhnung, deshalb empfinde keine Wut. Laß beim Ausatmen alle aufkommenden schlechten Empfindungen los, bis du Frieden spürst.

Es waren nicht sie, die dich verletzten. Keiner vermag dich jemals zu verletzen, niemand. Worte, wie haßerfüllt sie auch sein mögen, können dich niemals verletzen. Du verletzt dich nur selbst, indem du ihre Energie annimmst und auf ihre Äußerungen reagierst.

Sieh diese Menschen vor dir: Sie verhöhnen dich, sie verwünschen dich, sie beleidigen dich oder heben gar die Hand, um dich zu schlagen. Deine Reaktion ist ein Lächeln voll Frieden und Verständnis. Unter anderen Umständen wärst du vielleicht schnell aufgebracht, aber jetzt verstehst du die Fruchtlosigkeit einer üblen Laune. Was hat Joshua gelehrt?

Da trat Petrus zu ihm und sprach: Herr, wie oft muß ich denn meinem Bruder, der an mir sündigt, vergeben? Ist's genug siebenmal? Jesus sprach zu ihm: Ich sage dir, nicht siebenmal, sondern siebenzigmal siebenmal.

Matthäus 18,21-22

Das Gefühl, verletzt oder beleidigt zu sein, ist eine Selbstbestrafung. Das Verlangen nach Entschuldigung ist ein Ausdruck subtilen Egoismus. Joshua Immanuel lehrte:

Jene zu hassen, die dich lieben, ist teuflisch.

Jene zu lieben, die dich lieben, ist menschlich.

Jene zu lieben, die dich hassen, ist göttlich.

Kehre zu ihren Gesichtern zurück. Deine Friedlichkeit hat sie entwaffnet. Sie haben den Grund ihres Zorns vergessen. Sieh diese Menschen mit Liebe an. Jetzt ist es schwierig zu verstehen, wie es möglich ist, eine andere Person als Feind zu betrachten, denn wir alle bemühen uns, zu lernen und zu wachsen. Sie sind deine Brüder und Schwestern in der gemeinsamen Selbstheit - und selbstgewahre Seelen wie du.

In welcher Gesellschaft wir auch leben und welche Schwierigkeiten oder Nöte die Gemeinschaft zur Zeit auch bedrücken - laßt uns keine Feinde haben, laßt uns nicht entnervt sein durch irgend etwas, das jemand gegen uns sagt oder tut. Laßt uns Frieden säen und dadurch ein Beispiel geben.

Bevor du deine Meditationsübung beendest, pflanze einen Samen in dein Unterbewußtes: den Vorsatz, zu denken, bevor du handelst. Wenn du das nächste Mal in einer Situation bist, in der du zu Wut oder harten Reaktionen neigst, dann halte inne und denke an diese Übung. Erinnere dich: Wenn du in Wut gerätst, fügst du dir selbst größeren Schaden zu als anderen.

Drei Sonnen

Dann werden die Gerechten leuchten wie die Sonne in
ihres Vaters Reich. Wer Ohren hat zu hören, der höre!

Matthäus 13,43

Selig sind, die reines Herzens sind, denn sie werden Gott schauen.

Matthäus 5,8

Der psychische Körper eines jeden Menschen dehnt sich mei-
lenweit um uns herum aus, der noetische Körper noch viel weiter. Ständig bewegen sich bis zu Tausende von Menschen
durch unsere feinstofflichen Körper und erfahren unbewußt
unsere psychonoetischen Eigenschaften.

Joshua Immanuel der Christus und reine Ausdruck des
Logos, konnte durch die Menge gehen, und Tausende wurden
geheilt. Frieden und Liebe oder Haß und Bosheit säen wir
allein schon dadurch, daß wir mit anderen zusammenleben. Je
nach der Qualität unseres Bewußtseins können wir heilen
oder schädigen.

Wenn wir anfangen, unser Haus in Ordnung zu bringen
und unsere Persönlichkeit zu läutern, lernen wir, die bewußte
Kontrolle über unseren Beitrag zur größeren psychonoetischen
Gemeinschaft zu übernehmen. Wir helfen, die Reinheit der
Geist-Übersubstanz zu bewahren, indem wir diese zu wohl-
wollenden und heilenden Elementalen gestalten.

Folgende Übung hilft dir, die Wahrnehmung für deine Körper zu steigern, und die Fähigkeit zu erlangen, sie bewußt und
zum Wohle anderer auszudehnen.

Fühle Frieden und Liebe in deinem Herzen. Atme im
Rhythmus 4:4. Sammle deine Aufmerksamkeit in den Fußsohlen, in den Zehen und gehe hinauf bis zum Sprunggelenk. Von
hier aus gehe wahrnehmend durch die Wadenmuskeln bis zu
den Knien hinauf. Du nimmst deine Beine bewußt wahr von
den Sohlen bis zu den Knien.

Atme ruhig und rhythmisch weiter und dehne deine Konzentration aus, gehe durch die Oberschenkel und bis hinauf ins Becken. Du fühlst nun die ganze Länge deiner Beine, die in schneeweißem Licht erstrahlen. Wünsche deinen Beinen gute Gesundheit.

Nun dehne den Bereich deiner Wahrnehmung aus bis in den Bauch. Fühle deinen Solarplexus und sieh, wie dort eine kleine himmelblaue Kugel Form annimmt. Bei jedem Einatmen wird sie größer und heller, bis sie die Größe eines Wasserballs erreicht. Sie ist durchscheinend und dehnt sich rund um deinen Bauch aus.

Bleibe mit deiner Aufmerksamkeit bei deinen schneeweißen Beinen und der himmelblauen Lichtkugel im Solarplexus, während du deine Wahrnehmung auf deinen Brustkorb ausdehnst. Sieh in deiner Brust ein rosa Licht von der Größe eines Tennisballs. Beobachte, wie es sich ausdehnt und heller und heller wird, bis deine ganze Brust dieses liebliche Licht ausstrahlt. Das blaue Licht deines Solarplexus und das rosa Licht deiner Brust überschneiden sich, doch es bleiben zwei getrennte Lichtkugeln.

Deine volle Wahrnehmung reicht jetzt von der Brust bis hinunter zu den Zehen. Atme rhythmisch weiter und beobachte, wie deine Arme in dem gleichen weißen Licht erstrahlen wie die Beine. Bete um Segen für deine Arme, damit sie gebraucht werden mögen, um den Schmerz anderer zu lindern und die Tränen deiner Mitmenschen zu trocknen.

Nun gehe weiter hinauf, durch den Hals und in den Kopf. Reinige deine Gedanken und sieh, wie ein goldener Schimmer deinen Kopf umgibt. Ein leuchtender, goldener Strahlenkranz scheint etwa dreißig Zentimeter rund um deinen Kopf herum. Diese goldene Aura begegnet dem rosa Licht aus deiner Brust, doch beide Farben und Kugeln behalten ihre eigene Tönung und Form.

Nun ist dein ganzer Körper gleißendes Licht: Deine Beine und Arme strahlen leuchtend weiß, Bauch und Solarplexus sind von einer lieblichen, himmelblauen Kugel ausgefüllt und umgeben, Herz und Brustkorb erstrahlen wie eine rosafarbene Lichtkugel, und dein Kopf ist umgeben von einem schönen, goldenen Schein.

Du hast den Wunsch, die Harmonie, die du erlebst, mit anderen zu teilen.

Sieh, wie die blaue Kugel größer wird und sich weit über den Bereich hinaus ausdehnt, in dem du dich befindest. Sieh, wie das blaue Licht jedes Lebewesen mit Frieden und Zufriedenheit umgibt und erfüllt. Segne deinen materiellen Körper und bitte, daß er immer rein sein möge.

Das rosa Licht in deiner Brust beginnt zu wachsen und sich viele, viele Meilen weit über ein gewaltiges Gebiet auszudehnen. Wünsche allen Liebe, die das Licht der Liebe und des Friedens nun erreicht. Wünsche deinem psychischen Körper Frieden und auch dem psychischen Körper aller anderen Wesen.

Die Reichweite des goldenen Lichts, das von deinem Kopf hinausstrahlt, vermagst du nicht mehr zu ermessen. Vielleicht bedeckt es den ganzen Kontinent oder sogar den Planeten. Sieh alle, die in diesem goldenen Lichtschein leben, im Frieden des Wissens und Verstehens. Möge dein noetisches Bewußtsein allezeit gesegnet sein, und möge es allezeit andere segnen.

Die drei Lichtkugeln, die anfangs in deinem materiellen Körper waren, sind nun drei große Sonnen geworden.

Ziehe diese Sonnen nach einiger Zeit behutsam und langsam wieder zurück, zuerst den goldenen Lichtschein, dann das rosa Licht und schließlich die himmelblaue Kugel. Wünsche allen Menschen und dir selbst gute Gesundheit.

Frieden schaffen

Solches habe ich mit euch geredet,
daß ihr in mir Friede habet.
In der Welt habt ihr Angst, aber seid getrost,
ich habe die Welt überwunden.

Johannes 16,33

Und der Friede Gottes regiere in euren Herzen,
zu welchem ihr auch berufen seid in einem Leibe,
und seid dankbar.

Kolosser 3,15

Folgende Übung ist eine Hilfe, falls du von einem Ort weißt, wo Unruhe und Gewalt herrschen: vielleicht das Haus eines Freundes, ein Dorf oder irgendein Ort auf dem Erdball. Indem du einen solchen Ort mit rosa Licht aus deinem Herzen durchflutest, kannst du dazu beitragen, erhitzte Gemüter zu beruhigen und den Menschen zu ermöglichen, die Dinge klarer zu sehen.

Atme tief und entspannt. Atme weißes Licht ein und jegliche Dunkelheit aus. Dein materieller Körper erstrahlt nun in hellem, weißem Licht; sein ätherisches Doppel nimmt eine himmelblaue Tönung an.

Dein Bewußtsein wird lichter und ist nicht länger durch belastende Gedanken und Emotionen behindert. Beginne, dein Bewußtsein in alle Richtungen auszudehnen. Es geht aus dem Gebäude hinaus und schwebt über die Bäume wie eine immer größer werdende Seifenblase, bis du die ganze Stadt sehen kannst, in der du wohnst. Ein liebliches rosa Licht strömt aus deinem psychonoetischen Herzen erst über das Haus des Nachbarn, dann über die ganze Nachbarschaft und schließlich über die ganze Stadt. Du empfindest tiefe Freude.

Du dehnst dein Bewußtsein weiter aus, bis du das ganze Land sehen kannst. Vielleicht gibt es in irgendeiner Gegend Schwierigkeiten. Dein Herz verströmt weiterhin Liebe für alle. Nun ist das ganze Land in dieses Licht gehüllt.

Nun dehne dein Wahrnehmungsfeld weiter aus, zunächst über die Wolkendecke und dann über die Atmosphäre. Jetzt kannst du den ganzen Planeten sehen. Er ist ein herrliches Paradies mit seinen tiefblauen Ozeanen, mächtigen Gebirgen und üppigen Ebenen. Aber du weißt, daß es in verschiedenen Teilen der Erde Kämpfe und viel Unglück gibt, und du möchtest helfen. Von deiner jetzigen Warte aus gesehen, gibt es keine markierten Grenzen, keine Linien, die die Menschen voneinander trennen. Es ist eine Welt. Alle Schwierigkeiten sind geboren aus Unwissenheit und Mißverständnis. Wir wollen einander lieben und in Frieden leben.

Jetzt ist dein Herz ein Strom aus rosafarbenem Licht, das den ganzen Erdball mit Frieden und Liebe überflutet. Du siehst Millionen lächelnder Gesichter in dieses rosafarbene Licht getaucht. Du siehst Männer, die ihre Waffen niederlegen und einander mit brüderlichen Gefühlen umarmen. Du siehst Menschen, die den Bedürftigen Nahrung und Kleidung geben.

Nun siehst du, wie der Planet sich auf dich zubewegt und in dein Herz eingeht. Noch vor wenigen Augenblicken warst du auf dem Planeten, und nun ist er in dir. Bewahre den Planeten im Herzen. Du befindest dich nun wieder in deiner zeitlichen Persönlichkeit.

Atme ruhig und tief, bis du spürst, daß du ganz zurückgekehrt bist. Wünsche, daß Frieden und Harmonie auf der ganzen Welt herrschen mögen.

Gemeinsames Friedensgebet

Liebe alle Schöpfung Gottes, die ganze Welt und jedes Sandkorn.
Liebe jedes Blatt und jeden Strahl aus Gottes Licht.
Liebe alles. Aber denke daran, daß du dem Geheimnis Gottes in allem,
was dir lieb ist, zu begegnen hast.

Fjodor Dostojewski

Die Heilkraft des Gebetes zieht heutzutage viel Aufmerksamkeit auf sich. Wissenschaftler und Ärzte beginnen zu erkennen, daß gezielte Liebe und Fürsorge für andere ein machtvolles Mittel auf dem Wege zur Heilung sind.

Von ähnlicher Bedeutung ist die in jüngerer Zeit gewonnene Erkenntnis, daß das gemeinsame Gebet eine positive Veränderung in der Gesellschaft bewirkt. Wie Versuche gezeigt haben, braucht sich nur ein Prozent einer Bevölkerung zum einstimmigen Gebet zu vereinen, um eine deutliche, wissenschaftlich meßbare Veränderung innerhalb der Bevölkerung zu bewirken. So groß ist die Macht des Denkens, so groß ist die Kraft der Liebe.

Es gibt zuviel Schmerz, Kummer und Streit auf der Welt. Viele wollen zur Linderung des menschlichen Leides beitragen, fühlen sich jedoch hilflos. Der Erdball wird überspannt von einem Netz von Wahrheitsforschern, die ihre Gebete um Weltfrieden und Harmonie aufeinander abstimmen. Du bist herzlich eingeladen, dich dieser Gemeinschaft anzuschließen.

Setze dich jeden Abend um 21 Uhr hin, befreie deinen Sinn von allen Gedanken und fülle dein Herz mit bedingungsloser Liebe. Wenn du ein Christ bist, so sprich zuerst das Vaterunser; solltest du einem anderen Glauben angehören, so beginne mit deinem eigenen Gebet.

Stell dir vor, wie Frieden erblüht in den Herzen aller Männer, Frauen und Kinder in jedem Teil des Erdballs. Verweile einige Minuten in tiefem Frieden und sprich dann im Innern oder laut folgendes kurze Gebet:

Frieden auf Erden den Menschen, die guten Willens sind.
Dein Wille geschehe, wie im Himmel, so auf Erden.

Es gibt viele Zeitzonen, und jeder von uns wird zu einer bestimmten Stunde beten, nämlich um 21 Uhr seiner jeweiligen Ortszeit. Es ist unschätzbar wichtig, dieses heilige und gesegnete Elemental der Liebe und des Friedens ständig mit ätherischer Vitalität zu beleben *aus* allen Winkeln des Erdballs und *für* alle Winkel des Erdballs.

Ein anderes Gleichnis legte er ihnen vor und sprach: Das Himmelreich ist gleich einem Senfkorn, das ein Mensch nahm und säte auf seinen Acker, welches das kleinste ist unter allem Samen; wenn es aber erwächst, so ist es größer als alle Sträucher, und wird ein Baum, daß die Vögel unter dem Himmel kommen und wohnen unter seinen Zweigen.

Matthäus 13,31-32

MÖGLICHKEITS- UND WAHRSCHEINLICHKEITENZYKLEN

*[Wohl dem, ...] der Lust hat am Gesetz des Herrn
und von seinem Gesetz redet bei Tag und Nacht!*

Psalm 1,2

Seid stille und erkennt, daß ich Gott bin.

Psalm 46,11

Heilig-monadische Formen sind wie Zellen im Körper der absoluten Seinsheit. Sie gehören zur Natur Gottes wie dessen Vielfalt und Selbsterfüllung. Doch als Ausdrucksformen werfen sie eine eigenständige und individuierte Spiegelung in die Welten der Getrenntheit.

Wir staunen über die große Mannigfaltigkeit, die wir überall um uns sehen können. Es gibt Insekten, die nur Sekunden leben, es gibt Ölbäume, die schon vor der Zeit von Joshua Immanuel dem Christus waren, und es gibt Milchstraßen, die sich über Milliarden Jahre hinweg bilden und auflösen. Überall in der Welt der Natur herrschen vollkommene Harmonie und Gleichgewicht, bis hinaus in die fernsten Regionen des Universums.

Was schreibt den Lebensverlauf jeder Ausdrucksform vor, um ihr das Phänomen des Lebens zu ermöglichen? Wo finden wir göttliche Weisheit, Liebe und Allmacht in diesen Formen?

Der Christus-Logos und die heiligen Erzengel leiten die Genese und Entwicklung jeder Form und wirken auf ein Prinzip ein, das jeder Ausdrucksform eingeprägt ist. Wir nennen dieses Prinzip den Möglichkeitszyklus.

Jeder Möglichkeitszyklus ist unwandelbar. Er beschreibt den Erfahrungsbereich, der jeder Ausdrucksform zugänglich ist. Ein Überwechseln von einer Form zur anderen gibt es nicht. Der Mensch behält immer die menschliche Form, denn »Kann ein Feigenbaum, liebe Brüder, Öl, oder ein Weinstock Feigen tragen?« [Jak 3,12]

Je einfacher die Form, desto deutlicher ist ihr Möglichkeitszyklus zu erkennen. Aus einer Blumenzwiebel wird eine Blüte hervorkommen und wachsen, bis sie bereit ist, ihre Wunder mitzuteilen, bevor sie in den Boden zurückkehrt. Andere Formen besitzen komplexere Zyklen.

Der Möglichkeitszyklus der menschlichen - in der Schöpfung bevorzugten - Form beschreibt das (scheinbare) Verlassen unserer vollständigen Einheit mit Gott und die allmähliche Rückkehr zur Gottheit aufgrund einer Entwicklung und Läuterung des Bewußtseins. Der ganze Zyklus unserer Form reiht eine lange Folge von Inkarnationen aneinander, die über die wechselnden Zeitalter, Kulturen und Gemeinschaften eine Vielfalt von Erfahrungen ermöglichen. Ein kleinerer Bogen umschreibt den Verlauf einer einzelnen Lebenszeit, die eine Persönlichkeit von der Geburt über das Heranwachsen bis ins hohe Alter führt und ihr ein breites Spektrum von Wahrnehmungen, Perspektiven und Ereignissen bietet, die für den Prozeß der Bewußtseinserweiterung unschätzbar wichtig sind.

Zuweilen werden Zyklen unterbrochen. In Verbindung mit dem Möglichkeitszyklus gibt es das Prinzip des Wahrscheinlichkeitszyklus*. Dieser sieht vor, daß jeder Zyklus aus verschiedenen Gründen zurückgezogen werden kann. Ein Samenkorn mag vielleicht nicht keimen. Oder ein Keimling erhält zuviel Wasser und geht ein. Bäume können erkranken und sterben. Ein Kind kann hinübergehen (seine Entwicklung in einer anderen Dimension fortsetzen). Aus unserer begrenzten Sicht betrachtet, mögen solche Unterbrechungen unfair oder gar grausam erscheinen. Gleichwohl geschehen sie in Übereinstimmung mit der Allweisheit, All-Liebe und Allmacht des göttlichen Planes.

Die Entwicklung des Gewahrseins für die Herrlichkeit der Möglichkeits- und Wahrscheinlichkeitenzyklen trägt wesentlich dazu bei, das Bewußtsein für höhere Zustände vorzubereiten. Unsere Vorfahren waren in mancher Hinsicht empfindsamer für die Gegenwart Gottes, des Logos und des Heiligen Geistes, als wir es heute sind, da sie in Harmonie mit den Zyklen der Natur lebten. Sie sahen Gottes Hand hinter dem Wechsel der Jahreszeiten und den ständigen Übergängen des Lebens in einer Art, die wir vergessen haben.

Wir müssen von neuem sehen, welch herrliches Geschenk diese Welt ist. Die Meditation über die vielen Möglichkeits- und Wahrscheinlichkeitenzyklen, die sich überall um uns offenbaren, wird unseren Blick klären und unsere Sicht erweitern.

Ein Mandelbaum

Ich gedenke an die vorigen Zeiten;
ich rede von allen deinen Taten
und spreche von den Werken deiner Hände.

Psalm 143,5

Sein Land liegt im Segen des Herrn: da sind edle Früchte vom Himmel,
da sind edle Früchte von der Sonne.

5. Mose 33,13-14

Überall um uns sind so viele wunderbare Formen. Auf Zypern haben wir herrliche Mandelbäume. Laßt uns den Möglichkeitszyklus eines Mandelbaumes betrachten, während dieser die Jahreszeiten durchschreitet. Du kannst diese Besinnungsübung mit jedem frucht- oder nüssetragenden Baum durchführen, der in deiner Gegend heimisch ist.

Stell dir einen Mandelbaum vor. Im Winter siehst du ihn, als ob er völlig vertrocknet wäre. Reine, weiße Schneeflocken tanzen in der Luft und fallen sanft auf den Baum und die Erde, bis alles vom Schnee bedeckt ist. Der Stamm und die entblätterten Zweige ragen vor dem weißen Hintergrund empor. Betrachte diesen Baum einige Zeit und atme tief und ruhig.

Die Zeit vergeht, der Schnee schmilzt und der Mandelbaum beginnt, Knospen, zarte Knospen zu treiben. Beobachte, wie diese Knospen sich von Tag zu Tag entfalten. Den Ablauf eines Tages in der Natur kannst du in deiner Beobachtung binnen weniger Sekunden erleben. Du kontrollierst die Zeit!

Bald öffnen sich die Knospen, und liebliche Blüten erscheinen. Feine weiße und rosafarbene, süß duftende Blüten öffnen sich überall auf dem Baum, der noch vor wenigen Augenblicken vom Schnee bedeckt war.

Bienen summen von einer Blüte zur nächsten und bestäuben sie. Fühle, wie frisch die Luft ist; das kalte Wetter ist vergangen, und der Frühling ist ganz angekommen.

Sieh, wie die Blütenblätter sanft zur Erde fallen, ganz ähnlich den Schneeflocken im Winter. Ein Bett von Blütenblättern sammelt sich unter dem Baum. Sieh dich um auf der Wiese, auf der dein Mandelbaum steht. Sie wimmelt von Leben. Was kannst du sehen?

Mit der Zeit sinken die Blütenblätter in die Erde ein oder werden vom Winde verweht. Überall auf dem Baum nehmen jetzt junge Mandeln Gestalt an. Es ist Spätfrühling, und die Tage sind sehr warm. Der Boden, der vorher schlammig war, ist jetzt von der Sonne erwärmt und getrocknet. Schweiß bildet sich auf deiner Stirn, und du nimmst im Schatten des Baumes Zuflucht.

Du beobachtest, wie der Sommer vorüberzieht und die Mandeln immer größer werden. An die Stelle des Sommers tritt nun der Herbst. Es ist an der Zeit, die Nüsse zu ernten. Du beobachtest, wie Menschen die Nüsse in Beutel sammeln und sie in Karren fortbringen.

Die Luft wird nun wieder frischer. Die Blätter des Mandelbaumes beginnen zu verblassen, und eines nach dem anderen wird von einem frühen Winterwind mitgenommen. Ein Jahr ist vergangen, und wieder fällt Schnee zur Erde. Betrachtend hast du den Baum begleitet, durch alle Jahreszeiten.

Ein Rosenbusch

Lernt von den Lilien des Feldes: wie sie wachsen.
Sie mühen sich nicht ab; sie spinnen nicht.

Matthäus 6,28

Und Gott sprach: Es lasse die Erde aufgehen Gras und Kraut, das sich besame,
und fruchtbare Bäume, da ein jeglicher nach seiner Art Frucht trage
und habe seinen eigenen Samen bei sich selbst auf Erden. Und es geschah also.

1. Mose 1,11

Entspanne dich ganz und beginne, rhythmisch zu atmen. Visualisiere, wie du dich an einem warmen Sommertag in einem wunderschönen Garten aufhältst. Du bist umgeben von lieblichen Blumen und Düften. Den Garten durchzieht ein kleiner Bach, über dem Kolibris gleich Pfeilen vor- und zurückschießen. Laß zu, daß das Wasser alle deine Sorgen fortträgt. Du vergißt alle Lasten des Tages und fühlst dich ungemein leicht.

Tritt ein in diesen lieblichen Garten und setze oder lege dich behaglich auf eine Decke. Genieße das Leben, das dich umgibt. In der Nähe steht ein prächtiger Rosenbusch, bedeckt von zartweißen Blüten. Beginne, seinen Möglichkeitszyklus zu betrachten. Wo war dieser Rosenbusch vor fünf Jahren? Blicke in die Vergangenheit und sieh sein Leben sich entfalten.

Er begann als ein kleiner Steckling; du kannst ihn jetzt visualisieren. Ein Gärtner hegt den empfindlichen Steckling in einem Treibhaus, bis die Erde frostfrei ist und der Frühling einkehrt. Dann setzt er ihn in fruchtbare Erde an einen sonnigen Platz. Wenn es nicht regnet, wird das junge Pflänzchen liebevoll gewässert. Du kannst sehen, wie der Boden das Wasser aufnimmt. Die Sonne badet das zarte Grün in ihren wärmenden Strahlen. Es entwickelt sich gut unter der Fürsorge, die man ihm angedeihen läßt.

Der lange Sommer geht über in den Herbst. Die Blätter verlieren ihre Farbe und fallen langsam ab. Du siehst die Blätter zu

Boden segeln und wie sie vom Winde fortgetragen werden. Der Winter kommt näher. Die Luft wird erst kühler, dann kalt, und ein Sturm breitet eine Decke von frischem Schnee über die Erde. Später fällt noch mehr Schnee und bedeckt auch den jungen Busch. Vielleicht wird zuviel Schnee fallen und der Busch den strengen Winter nicht überleben; der Wahrscheinlichkeitenzyklus wird unterbrochen.

Doch der Busch überlebt tatsächlich und treibt im ungeduldig herbeigesehnten Frühling neue Blätter. Kleine Knospen beginnen sich zu bilden; betrachte diese zarten Knospen. Du kannst danach greifen und ihre Oberfläche befühlen. Gib acht und meide die spitzen Dornen!

Wochen später ist der Busch in voller Blüte. Du siehst die Zweige so beladen mit Blüten, daß sie sich nach unten neigen. Du staunst über die samtweichen Blütenblätter. Der Rosenbusch ist eine Pracht. Er trägt so viele Blüten, daß du beschließt, einige davon abzuschneiden und einem guten Freund zu schenken.

Heute, Jahre später, sitzt du vor einem ausgewachsenen Rosenbusch. Er hat viele Jahreszeiten überlebt und ist kräftig und robust. Schneide einen Steckling ab und beginne einen neuen Lebenszyklus.

In allen Werken deiner Hände
5. Mose 16,15

Erhalte meinen Gang auf deinen Fußsteigen, daß meine Tritte nicht gleiten.
Psalm 17,5

*Der Himmel ist durch das Wort des Herrn gemacht
und all sein Heer durch den Geist seines Mundes.*
Psalm 33,6

Nichts im ganzen All ist Gott so gleich wie die Stille.
Meister Eckart

Kein Pfad ist ganz eben, und keine Reise ist ohne einige Phasen der Unruhe. Nur wenige von uns können sagen, daß sie nicht das eine oder andere Mal den Wunsch des Thomas geteilt haben, die Nägelmale zu sehen [vgl. Jh 20,27]. In einer Welt des Greifbaren suchen wir das scheinbar Illusorische und sind frustriert oder gar verzagt, wenn sich handfester Beweis uns entzieht.

Es gibt keine Wunder außer dem Leben selbst. Vor uns breitet sich ein makelloser Beweis von der Gegenwart des Göttlichen aus. Wir sollten das Chaos der alltäglichen Existenz regelmäßig durchschauen und über die Allweisheit meditieren, die sich in allem Leben offenbart.

Entspanne dich und atme im Rhythmus 4:4. Du wirst nun alle Existenzangst überwinden, die du je empfunden hast, und dein Vertrauen in die göttliche Ordnung der Dinge erneuern.

Laß uns mit einer Betrachtung des menschlichen Körpers beginnen. Welch ein Wunder ist er doch! Stelle dir vor, wie die beiden Hemisphären des Gehirns sicher in einer knöchernen Schädelkapsel gehalten werden, und wie auch deine Augen in einer schützenden Höhlung liegen. Deine Lider, Brauen und Wimpern arbeiten zusammen, um sie vor Gefahren zu schützen. Dein Herz und die Lungen sind von den kräftigen Rippen des Brustkorbes umgeben. Deine Leber, Milz und anderen Organe sind dank des schützenden Bauchfells weniger verwundbar. Deine Genitalien sind gut plaziert, sicher vor Schaden. Die Behendigkeit deiner Arme und Hände ist von Maschinen noch unerreicht, und Wissenschaftler und Ingenieure staunen über die geniale Position des Daumens gegenüber den Fingern. Mit Hilfe unserer wohlgestalteten Beine und Füße bewegen wir uns geschickt fort.

Nur wenige derer, die sich die Zeit genommen haben, den herrlichen menschlichen Körper zu studieren, wurden nicht vom Staunen ergriffen. Nerven- Atmungs- Immun- und Blutkreislaufsystem arbeiten in vollkommener Ordnung und Wechselbeziehung; die Antriebskraft aller dieser Systeme ist die ätherische Vitalität. Die Möglichkeit, ein Kind zu tragen und am Leben zu erhalten, die inneren Funktionen und Tätigkeit der Organe bis hin zu den präzisen und winzigen Bewegungen der Zellen, Moleküle und Atome zeugen von einer unvergleichlichen Weisheit.

Angefangen bei den reinigenden und lebenspendenden Flüssen und Gewässern bis hin zur wichtigen Rolle des Waldes und seiner Belaubung als eines riesigen Filters, sind wir uns immer mehr des empfindlichen Gleichgewichts im Ökosystem der Erde bewußt geworden.

Hast du beobachtet, wie die Zyklen der Jahreszeiten dem Land Zeit geben, damit es reich und gebend sein kann? Dies alles findet unter einer sorgfältig geschichteten Atmosphäre statt. Du solltest bestrebt sein, die Weisheit des Planeten zu erfassen.

Weißt du, daß unsere Erde ohne den Mond, der mit einer Geschwindigkeit von 3700 Kilometern pro Stunde elegant um sie wirbelt, eine andere Umlaufbahn hätte? Stell dir vor, wie perfekt der Abstand zwischen unserem Heimatplaneten und der Sonne aufrechterhalten wird. Von 109-fachem Durchmesser und 333000-facher Masse der Erde, ist die Sonne etwa 150 Millionen Kilometer von diesem Planeten entfernt. Eine

Abweichung von nur wenigen Prozent in die eine oder andere Richtung würde auf der Erde menschenfeindliche Lebensbedingungen schaffen. Fehlerloses Gleichgewicht und Harmonie herrschen in dieser Planetenfamilie.

Wir bewegen uns mit einer Geschwindigkeit von rund 110.000 Kilometern pro Stunde um die Sonne, während unser ganzes Sonnensystem mit einer Geschwindigkeit von etwa 240 Kilometern pro Stunde durch die Milchstraße reist. Die Sonne braucht etwa 225 Millionen Jahre zur Vollendung einer galaktischen Umlaufbahn; die Milchstraße selbst bewegt sich 56.000 Kilometer pro Stunde durch das grobstoffliche Universum. - Gleichwohl kannst du an einem Sommermorgen vor die Tür treten und sehen, daß kein Blatt an der Espe zittert und der Spiegel des Meeres unbewegt vor dir liegt.

Es gibt nichts im Universum, das nicht auch im menschlichen Körper existiert, und es gibt nichts in der menschlichen Form, das nicht auch im Universum anzutreffen ist.

In Zeiten, in denen unsere Schwierigkeiten uns zu überwältigen scheinen, laßt uns daran denken, welch sicherer Hafen diese unsere Welt ist, und wie vollkommen das Leben geordnet ist, so daß wir leben und lernen können. Die tiefere Wissenschaft vom Leben ist nach menschlichem Ermessen schwer auszuloten und entzieht sich weit dem Zugriff statistischer Wahrscheinlichkeitsrechnungen.

Laßt uns daran denken, daß das Leben nicht eine Frage von Wahrscheinlichkeiten oder Zufällen ist - noch jemals war - sondern ein überaus fein geordneter und weiser Prozeß in Übereinstimmung mit dem göttlichen Plan.

Ein Mann hatte zwei Söhne. Und zum Vater sprach der jüngere
von ihnen: Vater! Gib mir den mir zukommenden Teil des Ver-
mögens. Und er machte ihnen auseinander, was er zum Leben
hatte. Wenige Tage danach, als er alles beisammen hatte, reiste
der jüngere Sohn in ein fernes Land. Und dort verschleuderte
er sein Vermögen in heillosem Lebenswandel. Nachdem er
aber alles vergeudet hatte, kam eine schwere Hungersnot über
jenes Land, und er begann zu darben. Und er ging und hängte
sich an einen der Mitbürger jenes Landes. Und der schickte ihn
auf seine Felder zum Schweinehüten. Und er gierte danach,
sich den Bauch mit den Schoten zu stopfen, welche die
Schweine fraßen - aber keiner gab sie ihm. Zu sich selbst
gekommen sprach er: Wie viele Taglöhner meines Vaters
haben Brot in Hülle und Fülle - ich aber gehe hier vor Hunger
zugrunde. Aufstehen will ich, zu meinem Vater gehen und ihm
sagen: Vater! Ich habe gesündigt gegen den Himmel und vor
dir. Ich bin nicht mehr wert, dein Sohn zu heißen. Stell mich
einem deiner Taglöhner gleich. Und er stand auf und ging zu
seinem Vater. Als er noch weit entfernt war, sah ihn sein Vater.
Und es ward ihm weh ums Herz. Und er lief und fiel ihm um
den Hals und liebkoste ihn. Der Sohn sprach zu ihm: Vater! Ich
habe gesündigt gegen den Himmel und vor dir. Ich bin nicht
mehr wert, dein Sohn zu heißen. Der Vater aber sprach zu
seinen Knechten: Schnell! Holt einen Talar heraus, den vor-
nehmsten; den zieht ihm an. Steckt ihm einen Ring an die
Hand und Schuhe an die Füße. Und bringt das Mastkalb;
schlachtet es. Dann wollen wir essen und fröhlich sein. Denn
dieser mein Sohn war tot und ist wieder aufgelebt; er war ver-
loren und ist wieder gefunden.

Lukas 15,11-24

ER WAR VERLOREN UND IST WIEDER GEFUNDEN
Lukas 15,24

Denn in ihm leben, weben und sind wir.

Apostelgeschichte 17,28

Keine andere Parabel Joshuas charakterisiert die Bestimmung des Menschen so deutlich wie die Geschichte vom verlorenen Sohn. Sie ist gleichermaßen das Drama der menschlichen Form wie die Biographie eines jeden von uns als Geist-Seelen-Ich.

Wir erfahren von der Trennung, die aus dem freien Willen geboren ist: Eine »Reise in ein fernes Land« erzählt uns von der Menschwerdung eines Erzengels für einen Aufenthalt in den Welten der Dualität.

Wir erfahren von einem bitter-süßen Leben voll Genuß und Vergeudung, das zur Selbst-Erkenntnis führt: »brachte sein Gut um mit Prassen ... die Säue zu hüten ... da kam er zu sich«. Eines Tages, ermüdet und durch eine lange Reihe von Inkarnationen wachgeworden, macht er sich auf den Heimweg.

Dann kommt die Reue und das Sehnen nach Wiedervereinigung: »Ich habe gesündigt gegen den Himmel und vor dir ... Stell mich einem deiner Taglöhner gleich«, will er seinen Vater bitten. Aber der Vater hatte die Rückkehr des Sohnes erwartet, »lief« ihm entgegen und nahm ihn in die Arme.

Das ist die Geschichte von Trennung und Wiedervereinigung; vor allem aber ist es eine Lehre über einen Vater, der voller Liebe zu seinen Kindern ist.

Am Ende unserer Vorträge führen wir die Zuhörern oft in den Zustand der Innenschau, in dem sie an ihre wahre Natur und Bestimmung erinnert werden. Die folgenden Meditationen sind Beispiele solcher Reisen nach innen.

Ihr seid von Anfang bei mir gewesen.

Johannes 15,27

... der uns hat selig gemacht und berufen mit einem heiligen Ruf,
nicht nach unseren Werken,
sondern nach seinem Vorsatz und Gnade,
die uns gegeben ist in Christo Jesu vor der Zeit der Welt.

2. Timotheus 1,9

Entspanne dich ganz. Spüre dich selbst in deinen Zehen, Füßen, Unterschenkeln, Oberschenkeln, Bauch und Brust. Atme tief und ruhig und entspanne jeden Muskel deines Körpers. Laß deinen psychischen Körper zur Ruhe kommen. Laß alle negativen Emotionen und Wünsche los. Laß Ruhe in dein Denken einkehren. Widme dich immer wenigeren Gedanken, bis dein noetischer Körper still geworden ist.

Spüre, daß du überall in deinem materiellen Körper bist: in Kopf, Brustkorb, Händen, Bauch, Beinen und Füßen. Laß dein Denken langsamer und dein Fühlen ruhiger werden. Frage dich nun: *Wer bin ich?* Beeile dich nicht. *Wer bin ich in diesem materiellen Körper? Ist dieser materielle Körper der meine? Ich bin in ihm. Ich lebe in ihm. Aber wer bin ich wirklich?*

Atme weiter tief und bequem. *Wer bin ich, der den Rhythmus meines Atmens verändern kann? Vorher habe ich unbewußt geatmet, mein Atmen wurde von den heiligen Erzengeln geleitet. Doch jetzt übernehme ich die Kontrolle und atme bewußt nach dem Rhythmus meines Herzens.*

Kontrolle übernehmen - worüber? Über unsere Emotionen. Ungezügelte Emotionen und Wünsche erschöpfen deinen psychischen Körper.

Atme tief und ruhig. Du kannst Meister deiner Wohnstätte, deines materiellen Körpers werden. Du kannst jetzt Einfluß nehmen auf dein Unterbewußtes, das Unterbewußte deiner Persönlichkeit. Sage in Gedanken: *Ich will vollkommene Gesundheit in diesem meinem materiellen Körper.* Die Erzengel lachen: »Was tun wir denn die ganze Zeit? Sind wir nicht ständig beschäftigt, die Gesundheit in deinem Körper wieder-herzustellen?« Natürlich vollbringen sie das, aber du mußt es erkennen. Befehle deinem Unterbewußten, das Wirken der Erzengel zu unterstützen. Hilf ihnen, dir zu helfen. Atme tief und wiederhole: *Ich will vollkommene Gesundheit in diesem meinem materiellen Körper.*

Vergiß deinen Namen, vergiß deine menschliche Form. Du willst deine Selbstheit untersuchen, nicht den materiellen Körper, nicht die grobstoffliche Materie. »Der Geist ist's, der lebendig macht; das Fleisch ist nichts nütze.« [Jh 6,63] Du bist göttlicher Geist.

Was bin ich? Ein Wesen, das Eindrücke von der materiellen Welt empfängt? Ja, auch das bin ich. Aber ich bin mehr, viel mehr. Ich bin ich. Diese Ichheit, mich selbst, will ich kennen-lernen. Ich will in die völlige Selbstverwirklichung eintreten.

Wer bin ich? Was bin ich? Ich habe meine Emotionen, Wünsche und Gedanken abgeworfen, und doch bleibe ich ich selbst. Ich bin ich. Diese Ichheit will ich kennenlernen und als mich selbst empfinden. Ich bin weder meine Wünsche, meine Schwächen noch meine Gedanken. Diese wechseln ständig. Aber meine Ichheit verändert sich nicht. Ich bin immer-währendes Leben. Selbst in einem traumlosen, tiefen Schlaf bin ich ich. Beim Erwachen sammle ich mein kleines zeit-ört-liches Selbst, doch ich bin die Ichheit. Ich bin Leben und ich bin die Wahrheit. Was bin ich dann?

Vielleicht empfängst du die Antwort nicht augenblicklich, doch eines Tages wirst du erwachen und die Antwort kennen. Die heiligen Erzengel und dein Schutzerzengel haben dich gehört, und zum richtigen Zeitpunkt werden sie auf deine Fragen antworten. Atme weiter tief und ruhig.

Ich bin in meinem Vater, und ihr in mir, und ich in euch.

Johannes 14,20

Wenn das einzige Gebet, daß du in deinem ganzen
Leben sagst, »danke« ist, würde dies genügen.

Meister Eckhart

Entspanne deinen materiellen Körper ganz. Lenke deine Aufmerksamkeit von den Zehen durch Füße, Beine, Bauch, Brustkorb und hinauf bis zu deinem Kopf. Spüre, daß du vollkommen entspannt bist; keinerlei Spannung ist mehr da.

Du lebst in einem materiellen Körper, und doch weißt du nur sehr wenig über ihn. Die heiligen Erzengel der Elemente arbeiten in deinem Körper. Sie sorgen für den Kreislauf deines Blutes, deine Atmung und für das gleichmäßige Schlagen deines Herzens. In vollkommener Harmonie und mit Allweisheit sorgen die Erzengel für deine Gesundheit und machen deinen Körper zu einem passenden Heim, in dem du leben kannst. Du spürst deinen materiellen Körper durch den empfindungsgebenden Äther in deinem ätherischen Doppel. Du bist in deinem materiellen Körper.

Du mußt beginnen zu verstehen, wie diese heiligen Erzengel - ein Erzengel von jedem Rang - für dich arbeiten. Es ist dein Körper, und du spürst ihn jetzt. Er ist dir anvertraut, um ihn gut zu gebrauchen. Ja, er ist dein! Er ist als Teil des göttlichen Planes ein vollkommenes Geschenk von der absoluten unendlichen Seinsheit. Er ist dir, einem menschlichen Wesen, gegeben, um dich durch ihn auszudrücken. Für dich ist der materielle Körper eine Wirklichkeit, weil du ihn spüren kannst. Meistere diesen deinen materiellen Körper und gebrauche ihn wohl.

Du bist auch eine lebendige Persönlichkeit, ein Mann oder eine Frau mit einem Namen und bestimmten Eigenschaften. Dies bist du als eine derzeitige Persönlichkeit, als ein logoïsches Wesen, das sich in der Schöpfung Ausdruck verleiht. Als

diese Persönlichkeit existierst du in Zeit, Raum und Örtlich-
keit, um geboren zu werden, zu leben und eines Tages hin-
überzugehen. Du drückst dich in Form von Emotionen, Wünschen und Gedanken aus.

Versuche, eine Emotion von einem Gedanken zu trennen,
und du wirst feststellen, daß du dein Denken zum Sklaven
deiner Emotionen und Wünsche gemacht hast. Aber Emotion
und Denken sind Geist (Mind) in zwei unterschiedlichen
Schwingungsfrequenzen. Du drückst dich sowohl durch Emotionen als auch durch Gedanken aus.

Frage dich: *Wer und was bin ich als fühlende Persönlichkeit, und wer und was bin ich als denkendes Wesen?*

*Ich sehe vor mir einen dreifachen Spiegel: den materiellen,
psychischen und noetischen Körper. Welche Art von Selbst
sehe ich in diesen Spiegeln? Ein völlig verzerrtes Selbst. Kann
ich dieses mein Selbst klar reflektiert sehen, so daß ich weiß,
wer und was ich wirklich bin?*

Du bist nicht dein materieller Körper, du bist nicht deine
Emotionen und du bist nicht deine Gedanken. Sie sind dir zum
Gebrauch gegeben, so daß du eines Tages erkennen magst,
wer du bist: ein Geist-Seelen-Ich.

Dein Geist-Ich-Wesen ist wunderschön und vollkommen,
auch wenn deine Persönlichkeit dies nicht immer widerspiegelt. Dein inneres Selbst* - das innere Selbst eines jeden - ist
ein göttliches Wesen. Versuche, dein Zeit-Raum-Ort-Selbst,
deine Persönlichkeit, so zu läutern und vollkommen werden
zu lassen, wie dein inneres Selbst es ist.

Wie lebst du? Betrachte deine niedrigen Emotionen, deine
Schwächen und die unbewußten Reaktionen deiner Persönlichkeit auf die Umgebung. Glaubst du, daß du Feinde hast?
Dein Herz ist dir nicht gegeben, um Haß und Anklagen in ihm
zu hegen. Dein Herz ist dir gegeben, um die Liebe der absolu-

ten unendlichen Seinsheit widerzuspiegeln. Gestattest du deinem Herzen, das Licht, die Liebe und das Leben der absoluten unendlichen Seinsheit, deines Vaters, widerzuspiegeln?

Gott ist unser Vater. Als Geist-Ich-Wesen sind wir immer in ihm und niemals erschaffen worden. Als Menschen, als zeitliche Persönlichkeiten, wurden wir erschaffen. Wir sollen erkennen, daß in unserer derzeitigen Persönlichkeit der Gottesfunke ist, unser inneres, unsterbliches Selbst.

Frage dich aufrichtig: *Wer bin ich? Ein fühlendes und denkendes Wesen in einem materiellen Körper? Was bin ich als Leben, und wer bin ich selbst als ein Phänomen des Lebens?*

Übe diese Meditation jeden Tag, und eine Antwort wird von innen kommen. Was tun wir mit dieser Art von Meditation? Wir erschaffen konstruktive Elementale, die uns helfen, die Wahrheit zu erkennen. Jeder Gedanke, jede Emotion erzeugt ein Elemental. Deshalb mußt du wissen, wie konstruktive Elementale zu erschaffen oder zu beleben sind zu deinem Wohle und dem Wohle anderer.

Ich bin bei euch alle Tage bis an der Welt Ende.

Matthäus 28,20

Der Sinn des menschlichen Lebens ist die Errichtung des
Gottesreiches auf Erden, und dies bedeutet,
daß an die Stelle von egoistischen, haßerfüllten, diktatorischen und irrationalen
Dingen ein Leben in Bruderschaft, Freiheit und Vernunft tritt.

Leo Tolstoi

Atme tief und ruhig. Fühle dich vollkommen entspannt, und entspanne alle Muskeln in deinem materiellen Körper. Laß deine Emotionen und Gedanken zur Ruhe kommen.

So viele Gedanken und Wünsche kommen mir in den Sinn. Elementale, die ich selbst erschaffen habe, stören meine Konzentration und präsentieren sich als drängende Begierden.

Falls diese Wünsche in Erfüllung gehen - werden sie mir das Vergnügen geben, das ich mir davon erhoffte? Wenn ich zurückblicke, erinnere ich mich an zahllose Wünsche. Viele von ihnen wurden erfüllt und rasch wieder vergessen, und schon nach kurzer Zeit tauchten neue, stärkere Wünsche auf.

Gewöhnlich wünschen wir uns etwas auf der materiellen Ebene. Doch sobald wir es besitzen, verliert es seinen Reiz und Wert, und wir wollen etwas anderes, und dann wieder etwas anderes, und immer etwas Größeres und Besseres als zuvor. Die endlose Kette von Wünschen mit flüchtiger Befriedigung kostet Zeit, viel Zeit, die mit Schmerz, Pein und qualvoller Erwartung vergeudet wird.

Ist es nicht angebracht, Meister über solche Gefühle zu werden? Wenn es unmöglich ist, einen Wunsch zu erfüllen, tritt der Egoismus auf, plagt dich und fordert Befriedigung. Der

Egoismus ist niemals vernünftig. Wenn er sehr unvernünftig ist, kann er zu Gewalt und Verbrechen führen. Der Egoismus ist hartnäckig. Sollten wir ihm folgen oder angesichts der Um- Umstände beschließen, uns zu beherrschen?

Wir müssen aufrichtig über das Wesen des Wünschens nachdenken, über jeden Wunsch, das Resultat seiner Erfüllung und die Frustration eines unerfüllten Begehrens. Das ist das tägliche Leben. Mit unseren Gedanken, Wünschen, Bedürfnissen und Emotionen erschaffen und beleben wir eine endlose Reihe von Elementalen, die wiederum das Unterbewußte unserer Persönlichkeit bilden.

Durch Einsicht und Vernunft lerne ich, daß ich nicht meine Wünsche bin, nicht meine Emotionen, auch nicht meine Gedanken. Ich bin nicht mein Egoismus - so hartnäckig und grausam er sich auch geben mag - der oft zu Feindseligkeiten, Bosheit und Verbrechen führt.

Atme tief und ruhig. *Ich bin eine Seele. Ich bin ich. Ich bin am Leben, und zu leben ist etwas sehr Kostbares. Ich muß mein Leben wertschätzen und das Leben anderer, selbst jener, die sich als meine Feinde betrachten. Habe ich das Recht, Menschen unglücklich zu machen? Habe ich das Recht, mein Leben unglücklich zu machen? Täglich segnet meine innere Wirklichkeit, das göttliche Geist-Selbst, meine Persönlichkeit mit einem neuen Lebenstag.*

Atmen ist Leben. Atme guten Sauerstoff ein, er ist lebenspendende ätherische Vitalität. Doch Vitalität ist nicht Leben. Leben ist ER, die Liebe, der Fürst der Liebe. Er ist hier in jedem von uns. Er ist der Logos, und wir sind logische Wesen in ihm. Laß ihn ein in deine Persönlichkeit. Atme Leben.

Wenn du diese Übung täglich praktizierst - was, meinst du, wird geschehen? Vorausgesetzt, du übst es richtig und läßt nicht zu, daß Gedanken und Emotionen kommen und dich stören, so wird ein Erzengel oder dein Schutzerzengel vor dir erscheinen. Oder Joshua Immanuel der Christus wird erscheinen, wenn du dich auf den Logos konzentrierst. Entwickle dein Sehen, und du wirst ihn sehen. Er ist überall. Wir erreichen ihn zunächst durch Einstimmen auf ihn, und eines Tages werden wir eins mit ihm. Das ist wahres Glück. Glück ist in uns, im Reich der Himmel, das unser Sein ist.

EIN ESSENISCHES GEBET JOSHUAS

Du sollst Gott, deinen Herrn, lieben von ganzem Herzen,
von ganzer Seele, von allen Kräften und von ganzem Gemüte,
und deinen Nächsten wie dich selbst.

Lukas 10,27

Zum Schluß geben wir eine Meditation wieder, die unser Herr, Joshua Immanuel der Christus, in der Synagoge der Essener-Bruderschaft seinen Jüngern gab, bevor er sie in die Welt aussandte, wo sie als Lehrer und Heiler wirken sollten.

Entspanne dich ganz. Visualisiere, wie Joshua Immanuel der Christus vor dir steht, während du friedvoll sitzt, lauschend. Im vollkommenen Einssein mit Seinem göttlichen Selbst, dem Logos, und eingestimmt auf jeden und alle Menschen, breitet Joshua die Arme aus und spricht:

Ihr alle, merkt auf. Ihr seid meine Kinder, meine Söhne und Töchter. Ich bin in euch als Gott, als absolute Seinsheit, euer wahres Selbst, und ihr seid als Götter immer in mir. Auch als menschliches Wesen bin ich mit euch, als euer liebender Vater in unserem liebenden Vater.

Jeder Atem, den ihr zu euch nehmt und der das Leben eures materiellen Körpers erhält, ist ein väterlicher Kuß von mir für euch. Meine Geliebten, ich werde nicht nur in den Worten einer Sprache zu euch reden, sondern auch als Inspiration und Wahrnehmung zu euch kommen.

Ich bin die Wärme, die euren Körper am Leben hält. Ich bin die Brise, die frische Luft, die euer Antlitz liebkost. Ich bin in euren Augen - als euer Sehen - und ich erlaube euch, daß ihr euch meiner Werke erfreut, die als Phänomene des Lebens euch umgeben. Ich bin das Sehen und ich sehe alles.

Ich erschaffe ständig Geistsubstanz für euch, damit eure Körper wohl gedeihen. Ich bin das lebendige »Brot des Lebens« [Jh 6,48]. Und ich bin das lebendige Wasser, von dem ihr trinken werdet, um nie wieder zu dürsten [vgl. Jh 4,10-14]. Ich bin die Geistvitalität überall in der Welt. Ich bin göttlicher Geist und ich bin Form. Ihr seid in meiner Allgegenwart.

Ich bin die weise Stimme in euch, die in eurem Innern zu euch spricht, wenn ihr etwas tut, das nicht recht ist; ich bringe euch nicht Tadel, sondern wecke euch zur Besinnung. Denn ich bin die Einsicht in eurem Denken und ich bin die Liebe in eurem Herzen.

Verwerft aus eurem Herzen jedes bittere Gefühl, alle Feindseligkeit und Grausamkeit, die ihr vielleicht hegt ... Ich bin das Leben in euch. Erfreut euch meines Lebens. Ihr seid meine Kinder, ihr seid mein Fleisch und Blut, ihr seid ein Teil von mir.

Ich liebe euch. Liebt alle meine Ausdrucksformen, liebt alle anderen Menschen wie euer eigenes Selbst, und liebt alles Leben, »wie ich euch geliebt habe«, und wie ich euch immer lieben werde. [Jh 13,34]

GLOSSAR

absolute Seinsheit (absolute unendliche Seinsheit, Gott, der Vater, Allaha): Was wir über Gott wissen, sehen wir als Widerspiegelung im Äußeren und im Innern. Die absolute Seinsheit ist vor allem die göttliche → gemeinsame Selbstheit, alle Wesenheiten innerhalb des Einen Seins. Liebe, Licht und Leben sind ebenso Teil der ursprünglichen Natur der absoluten Seinsheit wie → All-Liebe, Allweisheit und Allmacht. Die Liebe Gottes ist universell, unaufhörlich und bedingungslos. Die Liebe Gottes, ausgedrückt als Gnade, liegt der → Schöpfung zugrunde. Das Licht ist reine, leuchtende → Selbst-Überbewußtheit. Das immerwährende Leben ist die ewige Bewegung, Erzeugung und Erneuerung seines Ausdrucks. Zu den weiteren Eigenschaften der absoluten Seinsheit in ihrer Allgegenwart gehören → Vielfalt, → Selbsterfüllung und die → Schaffensfreude, sich selbst in sich selbst als Schöpfung Ausdruck zu verleihen. Die absolute Seinsheit offenbart sich als → Logos und → Heiliger Geist, und »diese drei sind eins« (1 Jh 5,7).

absolutes Sein: der Aspekt Gottes, der jenseits des Bereiches liegt, den Mensch und → Erzengel begreifen können: der Urquell, die unergründlichen und unaussprechlichen Tiefen des Göttlichen, die jenseits jeder Offenbarung liegen, denn »niemand hat Gott jemals gesehen.« (1 Jh 4,12)

All-Liebe, Allweisheit und Allmacht: primäre Aspekte der Natur der absoluten Seinsheit und aller göttlichen Wesen. Diese drei bilden ein geheiligtes Dreieck. Jede dieser Naturen ist von den anderen abhängig, um sich in der richtigen Weise ausdrücken zu können.

Äther: Innerhalb der → ätherischen Doppel lassen sich vier Zustände der → ätherischen Vitalität unterscheiden: schöpferisch, empfindungsgebend, prägend und kinetisch. Der schöpferische Äther erbaut und erhält die Phänomene des Lebens. Der prägende Äther wird gebraucht, um ätherische Vitalität zu gestalten. Empfindungsgebender Äther läßt uns fühlen und spüren, und der kinetische Äther ermöglicht Bewegung.

ätherische Vitalität, Geistvitalität: »Unser tägliches Brot«, ätherische Vitalität (→ Geist (Mind) einer bestimmten Schwingungsfrequenz) beziehen wir aus Sonnenschein, Atmung, → Meditation, Nahrung und Ruhe. Wir »schwimmen« in einem Meer ä.V., die den Erdball umgibt und durchdringt. Durch disharmonische Lebensweise erschöpfen jedoch die meisten ihre Zuteilung ä.V. und können sie nicht wiederherstellen. Alles was existiert einschließlich unserer Körper wird in einer »Gußform« aus Geistvitalität gebaut, den → ätherischen Doppeln.

ätherische Zentren, heilige Scheiben: Energie- und Aktivitätszentren (Sanskrit: Chakren) an verschiedenen Punkten der → ätherischen Doppel unserer Körper. Jeder unserer drei Körper - vom materiellen bis zu den feinstofflichen - weist in seinem → ätherischen Doppel diese Zentren auf, die mit Organen des materiellen Körpers korrespondieren. Diese Zentren dienen Elementalen als Pforten und Speicher.

ätherisches Doppel: Jeder Körper jeglicher Existenz, von der einfachsten bis hin zur komplexesten Struktur, besitzt ein ä.D., das ihn sowohl durchdringt als auch ein wenig überragt. Die vollkommenen und unverderblichen ä.D. dienen als Modell, als »Gußform« beim Bau des jeweiligen Körpers und der Erhaltung von dessen Gesundheit. Innerhalb der ä.D. wird Äther gesammelt und in verschie denen Teilen des Körpers verteilt. Die ä.D. existieren so lange, wie der Körper (ob materieller, psychischer oder noetischer) projiziert wird. Wenn ein Körper stirbt (→ hinübergeht), löst sich sein ä.D. auf.

Beobachtung: ein Teil unserer göttlichen Natur. Aufmerksamkeit ohne Anspannung. Vollkommene Konzentration. Die Fähigkeit, genau zu beobachten und das Beobachtete in Einzelheiten zu erinnern, ist wesentliche Voraussetzung, um den göttlichen Plan zu verstehen.

derzeitige, zeitliche Persönlichkeit: eine Persönlichkeit, die während jeder Inkarnation entwickelt wird und sich mit einem Namen identifiziert. Die d.P. ist eine Projektion der → permanenten Persönlichkeit in die Welten der → Getrenntheit. Dieses kleine, zeitliche Selbst, betört von den Eindrücken seiner fünf Sinne, ist die Gesamtheit seiner → Elementale. Die Aufgabe der d.P. besteht darin, einen demütigen, sittlichen und liebevollen Charakter auszubilden.

Ego, Egoismus und Ich: Diese Begriffe verwenden wir anders, als in der psychologischen Terminologie üblich. Der Egoismus mißbraucht den → Geist (Mind) durch Erschaffung eigennütziger Begierden und niedriger Emotionen wie Habgier, Bosheit und Neid. Das Ich hingegen ist das Selbst als Seinsheit, unsere selbstgewahre Seelennatur, und spiegelt sich in einer vernünftigen, liebevollen Persönlichkeit. Während der Egoismus (die Summe unserer ungezügelten Elementale) die Quelle von Unausgeglichenheit in Persönlichkeit, Volk und Welt ist, äußert unsere Ich-Natur Liebe, Mitgefühl, vernünftiges Denken und Handeln.

Einstimmung: die Einstellung unserer Schwingung auf die Frequenz einer anderen Existenz oder eines anderen

Wesens in der Weise, daß wir deren Natur betrachten und beobachten können. Die Einstimmung geht dem → Einssein voraus.

Einssein: → selbst-überbewußter Zustand, in dem ein Wesen in vollkommener Einheit mit jedem anderen Wesen oder jeder anderen Existenz verschmelzen kann - in der → Theose auch mit der absoluten Seinsheit - ohne dabei je sein selbstbewußtes Ich aufzugeben.

Ekstase: das Eintreten in das Reich der Himmel durch Erweiterung des Bewußtseins, → Einstimmung und → Einssein. Die E. findet im Herzen statt, da sie ein Überschreiten allen begrifflichen Denkens impliziert.

Elementale: Jeder Gedanke, jedes Gefühl und jeder Wunsch erzeugen und senden ein E. aus - auch Gedankenform genannt - das eine bleibende, eigene Existenz besitzt. Wir erschaffen und aktivieren zwei Typen von E. Wenn ein negatives Gefühl einen Gedanken beherrscht, erzeugen wir emotionale Gedankenformen (Wunschgedanken). Wenn unsere Ideen, Wünsche und Emotionen von Liebe und Einsicht durchdrungen werden, erschaffen wir vernünftige Gedankenformen (Gedankenwünsche). Ein E. kann nie zerstört, sondern nur entkräftet werden (indem wir es nicht weiter mit ätherischer Vitalität nähren). Elementale ähnlicher oder gleicher Art verbinden sich miteinander und bilden ein machtvolles Gruppenelemental. Wenn ein Mensch oder eine Gruppe von Menschen die gleiche Schwingungsfrequenz aufweist, werden solche Gruppenelementale angezogen. Auch → Erzengel erschaffen E. (z.B. Naturgeister und Engel) im Dienste des göttlichen Plans.

Engel, Erzengel: Erzengel sind logoische und heilig-geistige Wesen, die die Universen erbauen, beherrschen und sich in dieselben projizieren. Innerhalb der absoluten Seinsheit gibt es Ränge von Erzengeln, → heilig-monadische Wesenheiten, und jeder Rang umfaßt Myriaden und aber Myriaden von Wesen der gleichen Art. Wir wissen von der Existenz von zwölf Erzengel-Rängen: Throne, Gewalten, Herrschaften, Fürsten, Mächte, Seraphim, Cherubim sowie noch andere, namentlich bekannte und unbekannte. Sie besitzen → Allweisheit, All-Liebe, Allmacht und absolutes Selbstgewahrsein. Engel sind die → Elementale der Erzengel.

Erzengel-Mensch: Der Erzengel-Mensch ist ein Archetyp. Die Emanation aus einer heiligen → Monade geht auf ihrem Weg zum → Urbild des → Himmelsmenschen durch das Urbild des Erzengel-Menschen. Aus diesem Grunde sind die Menschen Geschwister der Erzengel.

ewiges Jetzt, ewige Gegenwart: Zeit und Ort sind Begriffe, die von Eindrücken herrühren und genährt werden, die in den Welten der → Getrenntheit entstehen. Infolgedessen wechseln Begriffe und Erleben je nach unserem Aufenthaltsort in den Universen. Die Welten der Existenz sind Teil der höheren, → kausalen Himmel des ewigen Jetzt. Jedes Erleben innerhalb der Welten der Existenz ist nur ein Fragment des größeren Ganzen, des Zustandes immerwährenden Lebens, in dem Vergangenheit, Gegenwart und Zukunft im ewigen Jetzt zusammenkommen.

Exosomatose (griech. *exosomatosis* von *éxo* = außerhalb und *sóma* = Körper): Exosomatose heißt soviel wie »außerkörperliche Erfahrung« (AKE). [Dieser Begriff wird im allgemeinen für unwillkürliche Erlebnisse gebraucht; im Unterschied hierzu steht der griechische Begriff für die Fähigkeit, sich auf eigenen Wunsch vom Körper zu lösen, sich vollbewußt in den → psychonoeti schen Dimensionen aufzuhalten und danach in den Körper zurückzukehren. Hierzu gehört auch die Erinnerung an alles, was man in dem Zustand außerhalb des Körpers erlebt. - Anm.d.Ü.] Wir unterscheiden erste E. (aus dem materiellen Körper), zweite E. (aus dem → psychischen Körper) und dritte E. (aus dem → noetischen Körper). Jede Nacht, während wir schlafen, verlassen wir unsere Körper und reisen unterbewußt auf andere Ebenen. Das Ziel ist jedoch, auch außerhalb unserer Körper bewußt zu leben.

Formen: Alles wird, damit es existieren kann, nach einer unvergänglichen, göttlichen Form erschaffen. Es gibt Milliarden von Formen, die sich in den Welten der Existenz widerspiegeln. Jede Form besitzt einen einzigartigen → Möglichkeitszyklus, der in Allweisheit festgelegt wurde und seinen Ausdruck in den Welten der → Getrenntheit bestimmt. Die → Erzengel arbeiten durch die Formen, um die → Phänomene des Lebens zu erschaffen und zu erhalten.

Geist-Ich-Wesen: Unser Selbst als göttliches Wesen, grenzenlos, ewig und unveränderlich. Unser Geist-Ich-Wesen ist das Selbst als heilige → Monade, selbst-überbewußt und leuchtend im Einssein mit der → Selbsterfüllung und → Vielfalt der Gottheit. Die → Schaffensfreude der absoluten Seinsheit, sich in sich selbst Ausdruck zu verleihen, ist identisch mit dem Willen unseres Geist-Ich-Wesens, sich in seiner eigenen Selbstheit auszudrücken.

Geist (Mind): [Das englische Wort *Mind* wurde in Klammern hinzugefügt, um Verwechslungen mit Geist (engl. *spirit*) in Zusammensetzungen wie Geist-Seele, Geist-Selbst, göttlicher Geist, Geist-Ich-Wesen, Heiliger Geist etc. auszuschließen. - Anm.d.Ü.] - der Träger allen Lebens. Alles Existierende besteht aus G. unterschiedlicher Schwingungsfrequenzen von Übersubstanz und

Substanz bis hin zur festen Materie. G. ist eine Emanation der absoluten Seinsheit, durchdrungen von → Allweis-heit, All-Liebe, Allmacht und Reinheit ihres Schöpfers. Gleichwohl ist G. kein unsterbliches Wesen sondern die Substanz, die für alle Schöpfung ewig gebraucht wird. G. ist göttlich in seinem Ursprung und heilig in seinem Aus-druck.

gemeinsame Selbstheit: Als → zeitliche Persönlichkeiten können wir mit anderen in Konflikte geraten, und die Kluft zwischen uns mag breit erscheinen, aber in unserem gemeinsamen Logos-Bewußtsein sind wir vereint und untrennbar. Das lehrte → Joshua Immanuel der Christus, als er sagte: »Was ihr getan habt einem unter diesen mei-nen geringsten Brüdern, das habt ihr mir getan.« [Mt 25,40] Das ist die g.S. An anderen Stellen spricht Joshua darüber: »An demselben Tage werdet ihr erkennen, daß ich in meinem Vater bin, und ihr in mir, und ich in euch.« [Jh 14,20] - »Ich bin der Weinstock, ihr seid die Reben.« [Jh 15,5] Daß wir alle einen gleichen Platz in Christus haben, ist eine der tiefsten und größten Wahrheiten.

Gesetz von Ursache und Wirkung: ist sowohl Wissen-schaftlern als auch Mystikern bekannt. Dieses göttliche Gesetz des Wachstums, der Harmonie und des Aus-gleichs bestimmt, daß jede Aktion zu einer Reaktion führt. Jede Tat, jeder Gedanke und jedes Gefühl hat eine Folge, sie kann günstig oder schädlich sein. Karma, ein Begriff aus dem Osten, ist die Anhäufung von »Auswir-kungen«. Dieses nicht auf die grobstoffliche Ebene beschränkte, belehrende Gesetz kann sich über mehrere Leben hinweg - aber auch innerhalb weitaus kürzerer Zeitspannen - auswirken.

Getrenntheit, Welten der: Die drei Welten der Existenz (materiell, psychisch und noetisch), in denen wir unsere

Phasen in scheinbarer Getrenntheit von der absoluten Seinsheit verbringen. Diese Welten der Dualität sind Welten von Raum/Ort-Zeit, die wir in jeder Inkarnation erleben.

Glaube: nicht nur ein individuelles oder theoretisches Glauben an dogmatische Wahrheiten einer Religion, sondern eine allumfassende Beziehung, ein Anerkennen der absoluten Seinsheit und die Liebe zu ihr. Als solches bedeutet der G. eine Transformation unserer Persönlichkeit, durch die wir aufgenommen werden in die ganze gottmenschliche Aktivität Gottes in Christus und des Menschen in Christus, wodurch wir die → Theose erlangen. Vor allem aber ist der Glaube eine aktive Tugend: »Glauben ohne Werke ist tot.« [Jak 3,26]

göttliche Gesetze: die Grundlage des göttlichen Plans, die alle Welten und Universen regiert und unserer höheren Natur entspricht. Sie verkörpern manifestierte Einsicht und Liebe. Es ist unsere Erkenntnis über und Ausrichtung auf diese Gesetze (z.B. Gesetz von Ursache und Wirkung, Gesetz der Harmonie, der Ordnung, des Wachstums und der Liebe), die zu unserer gesteigerten spirituellen Entwicklung führen.

göttliche Gnade: eine wenig verstandene, aber höchst mitfühlende Kraft in der Schöpfung, die Wundersames, scheinbare Ausnahmen des Gesetzes von Ursache und Wirkung zuläßt. Jakobus schrieb in seinem Brief: »Gnade aber triumphiert über das Gericht.« [Jak 2,13]

göttliche Meditation: Als g.M. stellt man sich - mangels eines besseren Begriffs - den Zustand vor, der der → Schaffensfreude vorausging und in dem das absolute Sein erwägt, sich selbst in sich selbst Ausdruck zu verleihen.

göttlicher Plan: der Bauplan der → Schöpfung, vollkommen und vollständig, der alles und alles Geschehen begründet. Die Einstimmung unseres Denkens und Tuns auf den überaus weisen göttlichen Plan der absoluten Seinsheit ist der Zweck unserer Existenz.

grobstoffliche Welt, grobstofflicher Körper: der tiefste Schwingungszustand von → Geist (Mind). Verfestigter Geist (Mind) bildet die dreidimensionale, grobstoffliche Welt und den materiellen Körper.

heilige Monade, heilig-monadisches Selbst: Unsere wahre Identität als → Geist-Ich-Wesen. Eine h.M. kann man sich als eine von unzähligen Myriaden von »Zellen« in der → Vielfalt und → Selbsterfüllung der absoluten Seinsheit vorstellen.

Heiliger Geist: das unpersönliche Überbewußtsein, das der Allmacht der absoluten Seinsheit Ausdruck gibt und die Erschaffung und Erhaltung der Universen ermöglicht. Der dynamische Aspekt der absoluten Seinsheit als → Allweisheit und Allmacht. Wir erleben den H.G. als universelle Weisheit und Heilkraft.

Herzzentrum: nicht nur das Körperorgan, sondern das spirituelle Zentrum des menschlichen Seins. Der Mensch wurde nach dem Ebenbild der absoluten Seinsheit als Vernunft und Liebe erschaffen [vgl. 1Mo 1,26]. Das H. ist das Symbol unseres wahrsten Selbsts, unseres Allerheiligsten, durch welches das Mysterium und die Einheit zwischen dem Göttlichen und dem Weltlichen die Vollendung erreichen. Das Herz besitzt damit eine allumfassende Bedeutung. Das Herzensgebet entspringt nicht nur Gefühlen und Gemütsbewegungen, sondern der ganzen Person. Wir sollten bestrebt sein, unser Herz zu läutern, denn »Gott kennt eure Herzen.« [Lk 16,15]

Himmelsmensch, auch die *Idee des Menschen* oder *Urbild des Menschen* genannt: Unsere Körper werden nach dem Kausalgesetz der Form des Himmelsmenschen geschaffen.

Hinübergehen: »Sterben«. Das Hinübergehen ist als der Abschnitt innerhalb eines → Möglichkeitszyklus zu verstehen, in dem eine Persönlichkeit ihre Existenz in der einen Dimension abschließt, um in anderen Welten fortzuleben. Der Hinübergang ist keinesfalls vom Leben getrennt, sondern ein Teil desselben.

individuierte Selbstheit: die Persönlichkeit als vereintes göttliches Wesen. Die Selbstheit umfaßt alle Ausdrucksformen des Selbst von dessen Höhepunkt als → heiligmonadischem → Geist-Ich-Wesen bis hinab zur unbedeutenden zeitlichen Persönlichkeit. Innerhalb der Selbstheit wird keine Ausdrucksform abgewertet, sondern jede für sich wertgeschätzt. Unser Geist-Ich-Wesen hat Teil an der → Schaffensfreude der absoluten Seinsheit (sich selbst in sich selbst Ausdruck zu geben), indem es sich innerhalb seiner eigenen Selbstheit ausdrückt.

Innenschau: Eine Erforschung des Inneren, um die Ursprünge unserer Gefühls- und Denkmuster aufzuspüren mit dem Vorsatz, unsere Persönlichkeit und ihr → Unterbewußtes selbstbewußt zu ordnen. Der Entschluß, das Selbst von den Beschränkungen des Egoismus zu befreien durch Reinigung »unseres Gewissens von toten Werken« [Heb 9,14] kommt der weisen, liebevollen Stimme unserer → Seele entgegen. Die tägliche Innenschau, auch Introspektion genannt, ist der Prozeß der Selbstprüfung, die Praxis des »Erkenne dich selbst«, die zentrale Übung jedes Wahrheitsforschers und aller, die Selbstverwirklichung anstreben.

inneres Selbst: bezeichnet das Selbst in seinem Ausdruck als → permanente Persönlichkeit.

Joshua Immanuel der Christus: Gottes »eingeborener Sohn« [Jh 3,16]. Joshua ist ein direkter und reiner Strahl des → Logos und wurde vor zweitausend Jahren in Palästina durch unbefleckte Empfängnis als »Menschensohn« [Mt 18,11] inkarniert. Seine im Neuen Testament überlieferten göttlichen Lehren werden in unserem Werk als universell und zeitlos geschätzt und bieten eine unentbehrliche Führung zur Erhebung des Bewußtseins.

Karma: → *Gesetz von Ursache und Wirkung*

kausale Zustände: Über dem mentalen Zustand sind die kausalen Zustände nicht-duale Umstände reiner Liebe, → Ursachen, → Urbilder und Prinzipien unter der Obhut höherer → Erzengel-Ränge. Sie werden auch als fünfter (und höhere) Himmel bezeichnet.

kosmisches Bewußtsein, kosmisches Gedächtnis: Hier wird alles vergangene und gegenwärtige Geschehen in allen Universen aufgezeichnet und bewahrt. Das k.B. besteht aus → Geist (Mind) und wird von lebendigen → Elementalen im → ewigen Jetzt aufgebaut. Im k.B. ist das kosmische Gedächtnis enthalten (Sanskrit: Akasha-Chronik), das »himmlische Archiv«, in dem alle Eindrücke, Taten, Gedanken, Gefühle und Wünsche aufgezeichnet sind. Ein Mystiker kann sich auf das k.B. einstimmen und so - innerhalb der Grenzen und Möglichkeiten seiner eigenen Entwicklung - das k.G. erforschen und kennenlernen.

Logos, Christus-Logos: Der Logos, die göttliche → gemeinsame Selbstheit, ist die als → Selbst-Überbewußtheit offenbarte absolute Seinsheit. Das griechische *lógos* bedeutet *Wort*, und das Evangelium des Johannes beginnt mit den Sätzen: »Im Anfang (In Vollmacht*) war das Wort, und das Wort war bei Gott, und Gott war das Wort.« [Jh 1,1] Der Logos ist »das wahrhaftige Licht, welches alle Menschen erleuchtet, die in diese Welt kommen.« [Jh 1,9] → Joshua Immanuel spricht als Logos, wenn er sagt: »Ich bin Gottes Sohn.« [Mt 27,43], und als Joshua, wenn er sich als »des Menschen Sohn« [Mt 18,11] bezeichnet.

Meditation: Die inneren Bereiche der → Innenschau werden zu den äußeren Regionen der Meditation, da die Erforschung über das subjektive Erleben der → zeitlichen Persönlichkeit hinaus in die grenzenlosen Meere des Geistes (Mind) geht, zur Ausrichtung auf das Universelle und Ewige.

Menschenform: → *Himmelsmensch und Formen*

mentaler Zustand: die mentale Welt, eine Dimension, in der sich → Urbilder und nicht zum Ausdruck gebrachte Formen im ewigen Jetzt befinden. Aus dem mentalen Zustand beziehen die → Erzengel die → Formen zur Erschaffung und Erhaltung der → Phänomene des Lebens. In dieser Dimension können wir unter Umständen zwischen den Inkarnationen zur Ruhe kommen.

Möglichkeitszyklus: Jede Form birgt ein M. genanntes Prinzip. Als volle Verkörperung der Allweisheit beschreibt dieses Prinzip alle Ausdrucksformen jedes → Phänomens des Lebens. Alle Formen sind in ständiger

---

* Das griechische Wort *arché* hat zwei verschiedene Bedeutungen: Die erste, gebräuchlichere, bezeichnet einen »Anfang«. Die zweite, die nach Ansicht des Verfassers hier gemeint ist, bedeutet »Vollmacht«. Das Johannes-Evangelium wurde ursprünglich in griechischer Sprache niedergeschrieben und danach ins Aramäische fehlübersetzt.

Entwicklung begriffen: vom Samen zum Baum, vom Kind
zum Erwachsenen. Das Leben verlangt Veränderung und
Bewegung, so daß aus den verschiedensten Blickwinkeln
auf einem Kreis Erfahrungen gesammelt werden können.
Jede Form wandelt sich in ihrer äußeren Erscheinung,
jedoch nie in ihrer Natur. Im → ewigen Jetzt ist eine Form
vollendet, ihr M. ist bereits festgelegt. Beim Eintritt in die
Welten der Existenz (materiell, psychisch, noetisch) wird
der M. eines Menschenwesens der → permanenten Persönlichkeit eingeprägt. Keine Form kann ihrem M. entrinnen, damit ist die Seelenwanderung von einer Lebens-
form zur anderen ausgeschlossen. (Menschen werden
immer als Menschen inkarnieren.)

noetische Welt, noetischer Körper (gespr.: no-étisch, von
griech. *noús* = der Sinn, der Verstand): die fünfdimensio-
nale Welt, die feinstofflichste von den drei Welten der
Getrenntheit. In der n. Welt, der Welt des Denkens und
des n. Körpers, findet die → Allweisheit der absoluten
Seinsheit ihren ersten Ausdruck als Gedankenformen,
von Galaxien bis hin zu einzelligen Organismen. Die
noetische Welt besitzt sieben Ebenen mit je sieben
Zwischenebenen.

permanente Persönlichkeit: der aktive, sich Ausdruck
verleihende Teil der → Seele innerhalb und jenseits der
Welten der → Getrenntheit. Er filtert Wissen von und zu
der → derzeitigen Persönlichkeit und zieht Weisheit
daraus.

permanentes Atom: jener Teil der → permanenten Persönlichkeit, der die Erfahrungen und Lektionen der verschiedenen zeitlichen Persönlichkeiten in den Raum/Ort-Zeit-
Welten aufzeichnet. Das p.A. befindet sich gleichzeitig
im ätherischen Herzen jedes Körpers und registriert alle
Gefühle, Gedanken, Reaktionen und Erfahrungen in den
drei Welten der Existenz.

Phänomene (von griech. *phainómenon* = das Erscheinende): Erscheinungen in den Welten der → Getrenntheit

Prinzipien: → *Ursachen, Urbilder und Prinzipien*

psychische Welt, psychischer Körper *(von griech. psyché* = Seele): Die vierdimensionale Welt, auch Gefühlswelt genannt. Die übersinnliche p.W. besteht aus sieben Ebenen, jede von diesen wiederum aus sieben Zwischenebenen. Bei der ersten → Exosomatose gelangen wir in unserem p. Körper in die p. Welten, in die wir auch beim → Hinübergang als erstes eintreten.

psychonoetisch: Die psychische (Gefühlsregungen) und die noetische (Gedanken) Welt sind in vielerlei Beziehung so eng miteinander verflochten, daß wir sie aus unserer Sicht fast als Einheit empfinden. Es gibt kaum einen Gedanken ohne Emotion, und in jeder Emotion steckt auch etwas Denken.

psychonoetisches Bild: ein vieldimensionales Bild aus psychonoetischer Substanz, durch → Visualisierung und mit Hilfe noetischen Lichtes gestaltet. Wie alle Elementale ist es immerwährend.

Psychotherapie: Die esoterisch-christliche Vorstellung und Praxis der Psychotherapie umfaßt ein breites Spektrum von Heilmethoden. Ein echter Psychotherapeut beschränkt sich nicht darauf, Probleme innerhalb der Persönlichkeit zu behandeln, sondern befaßt sich mit dem noetischen, psychischen und körperlichen Wohlbefinden der Menschen. Ein angehender Psychotherapeut muß sich in vielen Bereichen üben - selbstbewußter Gebrauch → ätherischer Vitalität (vier Zustände des Äthers), die Fähigkeit zu visualisieren - und sich eine umfassende Kenntnis der menschlichen Anatomie einschließlich der ätherischen Doppel aneignen, Verstehen des → Unterbewußten und das Gewahrsein der → göttlichen Gesetze. Ein Psychotherapeut ist in erster Linie ein bescheidener Wahrheitsforscher, dessen Leistung beim Heilungsvorgang von der Reinheit seines Herzens und Bewußtseins abhängig ist. Er selbst betrachtet sich dabei nicht als »Heiler«, sondern als würdiger Kanal für den → Heiligen Geist. Er läßt sich von Mitgefühl, Verständnis und vor allem Liebe leiten. Für ihn ist ein Patient ein Geist-Seelen-Ich in der gemeinsamen Selbstheit, das in Zeit, Ort und Raum Schwierigkeiten hat, die der Therapeut zu lösen und zu überwinden hilft.

Reue: Metánoia, das griechische Wort für Reue, bedeutet vor allem eine »Änderung der Geisteshaltung« oder »Änderung des Denkens«. [»Kehrt um!« heißt: »Ändert euren Sinn!« - Anm.d.Ü.] Reue bedeutet nicht nur Kummer, Zerknirschung oder Bedauern, sondern konstruktiv und grundlegend eine Analyse unserer irrigen Verhaltensweisen mit dem Vorsatz, sie nicht zu wiederholen. Bereuen heißt, unsere Gedanken, Gefühle und Taten auf das Göttliche auszurichten.

Schaffensfreude: Die absolute Seinsheit drückt sich selbst in sich selbst aus als → Schöpfung. Mit der S. (griechisch: *euaréskeia*) geht eine gewisse Freude am reichlichen Geben aus einer freigebigen und reichen Quelle einher. Gottes Freude am schöpferischen Tun.

Schöpfung: die Offenbarung der absoluten Seinsheit in sich selbst als die Universen, von den höchsten Himmeln bis hinab in die Welten der Existenz in Übereinstimmung mit dem → göttlichen Plan.

Schutzerzengel: Bei unserer ersten Inkarnation, nachdem wir durch das → Urbild des Menschen gegangen sind,

wird ein jeder von uns beschützt und geleitet von einem
S. Während der gesamten Dauer unseres Aufenthaltes in
den Welten der → Getrenntheit hilft unser → Erzengel
unserer → permanenten Persönlichkeit, jede Inkarnation
- mit allen unseren kostbaren Lektionen - zu planen und
zu erfahren, wobei er jedoch nie in unseren freien Willen
eingreift. Dieser Erzengel (mit dem unser Ich eins geworden ist) ist unser treuester Gefährte und stammt aus dem
Rang der Throne.

Seele, selbstgewahre: In dem Augenblick, in dem ein
Strahl von einer heiligen → Monade durch das → Urbild
des → Himmelsmenschen geht, *ist* eine Seele. Die Seele
wird nicht erschaffen, sondern ist die »kostbare Perle«
[Mt 13,45] des göttlichen Geistes. Die unvergängliche
Seele, die Paulus als »geistlichen Leib« [1Ko 15,44]
bezeichnete, ist in formlosem Zustand als göttlicher
Geist, enthält jedoch das Urbild des Menschen. Wenn sie
zur Gottheit zurückkehrt, wird die Seele in einem
Zustand der Selbst-Überbewußtheit mit dem → Geist-
Ich-Wesen vermählt wie die Braut mit dem Bräutigam bei
der Hochzeit. [vgl. Mt 25,1-13]

Sein/Existieren: Das Sein ist unsere göttliche Natur, grenzenlos und ewig. Das Existieren als Ausdrucksform des
Seins erfordert Umstände wie Zeit und Raum/Ort. Das
Existieren hat einen Anfang und ein Ende und ist damit
ein zeitliches → Phänomen.

Selbstbewußtheit, Selbst-Überbewußtheit: mehr oder
weniger starke Bewußtheit unserer selbst als individuierte
Wesen und Existenzen. Durch aufrichtige Innenschau
weitet sich die Selbstbewußtheit zur Selbst-Überbewußtheit, einem vollkommenen Gewahrsein in der Seinsheit
und Existenz, die auch als → Theose bezeichnet wird.

Selbsterfüllung (griech. *autarkeía*): primärer Aspekt der Natur der → absoluten Seinsheit: vollkommene Fülle und Seligkeit, Unabhängigkeit von jeglichen Bedürfnissen.

Selbstgewahrsein: ein Zustand, in dem man seines Selbst innerhalb des → göttlichen Planes bewußt gewahr ist. Durch Willenskraft und Arbeit an uns selbst erwachen wir aus dem Schlummer des alltäglichen Bewußtseins in einen Zustand erweiterten Selbstgewahrseins.

Selbstverwirklichung (griech. *ontopoíesis*): Der Höhepunkt der Lebenserfahrung in den Welten der → Getrenntheit. In der Selbstverwirklichung wird die → derzeitige Persönlichkeit, umgewandelt in die → permanente Persönlichkeit und vereint mit der selbstgewahren Seele, darauf vorbereitet, in der → Theose mit dem → Geist-Ich-Wesen zu verschmelzen.

Theose (von griech. *théos* = Gott): Einssein mit dem Einen Gott, der absoluten Seinsheit. Der Augenblick, wenn der verlorene Sohn, selbst-überbewußt geworden, ins Haus seines liebenden Vaters zurückkehrt.

Unterbewußtes, unterbewußt: Der Wahrheitsforscher unterscheidet drei Aspekte des Unterbewußten. In einer Kammer birgt das U. alle Elementale, die unsere Persönlichkeit bilden. In einer zweiten Kammer ist der Speicher lebenspendender → ätherischer Vitalität. Die dritte und wertvollste Kammer ist die des → Logos und des → Heiligen Geistes.

Urbilder [engl. *ideas*: Da das Wort Idee im Deutschen nicht mehr dem Sinn des zugrundeliegenden, der griechischen Philosophie entstammenden und hier gemeinten Begriffes entspricht - dem Archetypus - wurde statt dessen in der Übersetzung das Wort Urbild gebraucht. - Anm.d.Ü.] → Ursachen, Urbilder und Prinzipien

Ursachen, Urbilder und Prinzipien: Die Schaffensfreude des absoluten Seins ist die primäre Ursache, sie ist
die Ursache der Schöpfung. Aus der Schaffensfreude des
absoluten Seins entspringen alle untergeordneten
Ursachen. Die Ursachen wiederum führen zur Entstehung von archetypischen Urbildern. Aufgrund dieser
Urbilder erschaffen die Erzengel in ihrer Allweisheit alle
Formen. Jedes Urbild birgt in sich den ganzen → Mög-
lichkeits- und → Wahrscheinlichkeitenzyklus der zu
offenbarenden Form. Prinzipien regieren den Ausdruck
von Ursachen in Zeit, Raum und Ort.

Vielfalt: die absolute Seinsheit in ihrer Vielheit der Gottwesen in Gott. Die ganze Mannigfaltigkeit des Lebens wohnt
in Gott, »welche da ist sein Leib, nämlich die Fülle dessen, der alles in allem erfüllet« [Eph 1,23].

Visualisierung: ist die *Sprache* des Göttlichen, der »Schlüssel« [Offb 3,7] zu dem Reich der Himmel. Nachdem wir
gelernt haben, aufmerksam zu beobachten und uns ganz
zu konzentrieren, erwerben wir die Fähigkeit, bewußt zu
visualisieren. Wir gestalten → ätherische Vitalität, um →
Elementale zu erschaffen, von → psychonoetischen Bildern bis hin zu ganzen Szenen. Durch V. lernen wir bei
Heilungsarbeit, zu materialisieren und zu dematerialF-
sieren. Es gibt nichts Mächtigeres als Gedanken, und
beim Visualisieren werden Gedanken bewußt kontrolliert
und konstruktiv zur Erweiterung des Selbst und zur Hilfe
für Menschen in Not eingesetzt.

Wahrheitsforschung, System zur: Unser System des
esoterischen Christentums ehrt die ewigen Wahrheiten,
die allen großen religiösen Überlieferungen bekannt
sind, während wir uns fest auf die Lehren des Gottmenschen → Joshua Immanuels des Christus und das Neue
Testament stützen. Durch gezieltes Studium, Übungen

und Meditation streben wir die ausgeglichene Entfaltung und Integration unseres ganzen Wesens und Seins an und pflegen unsere moralischen, ethischen, spirituellen und mystischen Aspekte. Unser Weg ist systematisch, sicher und klar.

Wahrscheinlichkeitenzyklus: Während der → Möglichkeitszyklus die ideale Entwicklung beschreibt und unausweichlich ist, gestattet der W. den Stillstand des sich entwickelnden Lebens an jedem Punkt seiner Entfaltung auf der jeweiligen Ebene. Es mag sein, daß ein Same nicht keimt, daß ein junger Baum krank wird und eingeht oder daß ein Kind hinübergeht (und seine Entwicklung in einer anderen Dimension fortsetzt). Innerhalb jedes Möglichkeitszyklus gibt es Millionen von Wahrscheinlichkeiten.

zeitliche Persönlichkeit: Projektion der → permanenten Persönlichkeit, Synonym für → derzeitige Persönlichkeit.

Der interessierte Leser findet weitere Informationen
und Titel beim:

Edel-Verlag
Mülheimer Straße 97 · 47058 Duisburg
Telefon (02 03) 33 25 13 und 33 25 51
Telefax (02 03) 33 95 69

Die Stoa-Serie bewahrt, erschließt und verbreitet das Werk
von Dr. Stylianos Atteshlis und seiner Tochter Panayiota.

Weitere Titel sowie Audio- und Video-Aufnahmen
in verschiedenen Sprachen
können schriftlich bestellt werden bei:

THE STOA SERIES
Mrs. Panayiota Theotoki-Atteshli
P. O. Box 8347
2020 Nicosia, Zypern

*Mit dem Herzen
sehen lernen*

Das Herz als Grundlage einer spirituellen Entwicklung
Die sechs Nebenübungen Rudolf Steiners

Vortrag von Wolfgang Findeisen
gehalten am 07.07.2007
Freie Akademie München

edel
verlag

Das Herz als Grundlage einer spirituellen Entwicklung Die sechs Nebenübungen Rudolf Steiners - Das Organ Herz berührt uns in vielfältiger Weise. In seiner Pulsierung des Blutstromes garantiert es die physische Lebensgrundlage, seelisch lässt es uns an der Welt mit Interesse Anteil nehmen, geistig bietet es die Voraussetzung für eine spirituelle Entwicklung eines Jeden. Gibt es einen Zusammenhang zwischen den spirituellen, seelischen und leiblichen Ebenen dieses Organes? Gibt es einen spirituellen Weg, durch den das physische Organ transformiert im geistigen Werden verwandelt erscheint? Solchen Zusammenhängen geht Wolfgang Findeisen nach, untersucht sie im Detail und beschreibt ausführlich die esoterische Praxis der sogenannten „sechs Nebenübungen", die Rudolf Steiner wegweisend formuliert hatte.

ISBN 978-3-938957-42-4 · 60 Seiten

Die esoterische Reihe im Edel Verlag

DASKALOS MEDITATIONEN
TORE ZUM LICHT
Panayiota Theotoki-Atteshli

Schon in frühester Jugend wurde Panayiota von ihrem Vater, Dr. Stylianos Atteshlis (Daskalos) angeleitet ihre Umwelt genau zu beobachten und bewußt wahrzunehmen. So erschloss sich ihr die Schönheit und Vielschichtigkeit der Natur -der Puls des Lebens- das mannigfaltige Werk der heiligen Erzengel. In den folgenden Jahren arbeitete Panayiota intensiv mit ihrem Vater zusammen. Daskalos unterrichtete seine Lehre durch Vorträge und Übungen in der Stoa und Panayiota ergänzte dem Unterricht durch geführte Meditationen. Aus dieser gemeinsamen Arbeit entstanden 22 Meditationsübungen, die genau erklärt und ausführlich illustriert sind. Der Leser wird behutsam Schritt um Schritt in die göttlichen Sphären geführt und begleitet.

ISBN 978-3-938957-01-1 · 82 Seiten

Was kann ich tun, dass meine Vorstellungen und Ziele, ja auch meine Glaubenssätze Klarheit und Kraft haben? In diesem Buch wird ein entscheidender Weg aufgezeigt: Ich beginne ohne „Verneinung" zu denken und zu reden. Der Autor hält uns einen Spiegel vor, der uns zur Klarheit und Klärung auffordert. Ein fokussierter Beitrag zum positiven Fühlen, Denken und Leben: Mensch, geht doch!

Thomas Webel-Reiner arbeitet als evangelischer Pfarrer und ließ sich neben seinen spirituellen Studien bei der Milton Erickson Gesellschaft (M.E.G.) psychologisch unterrichten.

ISBN 978-3-938957-09-7 · 135 Seiten

Die esoterische Reihe im Edel Verlag

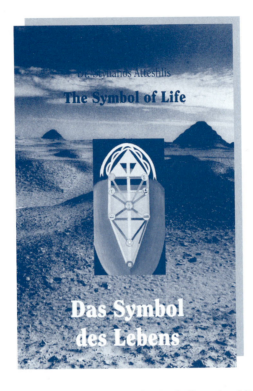

Als der bekannte zyprische Mystiker und Heiler, Dr. Stylianos Atteshlis, bekannt als Daskalos, im August 1995 aus diesem Leben schied, hinterließ er einige Manuskripte. Das «Symbol des Lebens» ist einer dieser Texte. Er ist nun als Faksimile in seiner Handschrift (mit zehn von ihm gezeichneten Farbtafeln) zusammen mit einer englischen Umschrift und einer deutschen Übersetzung veröffentlicht worden.

Der Autor beschreibt den Anfang des menschlichen Lebens auf dieser Erde, das Leben im 13. und 14. Jahrhundert v.Chr. im Alten Ägypten sowie Episoden aus dem Leben von Moses. Er verfolgt die Geschichte des «Symbols des Lebens» und erläutert die Symbolik. Die ernsthaften Studenten dieses Symbols der christlichen Mystik werden Inspiration und Führung für die meditative Arbeit finden, die erforderlich ist, um ihr Bewußtsein auf höhere Ebenen zu bringen.

Fadenheftung in Efalin-Einband · 10 Farbtafeln
ISBN 9963-8162-1-5 · 538 Seiten DIN A4 · € 110,– · DM 214,–

Die esoterische Reihe im Edel Verlag

Martin Brofman

EINE NEUE ART ZU SEHEN

Sehend wissen – wissend sehen
Ihr innerer Weg zu klarer Sicht

Martin Brofman erfuhr im Alter von 34 Jahren, daß er unter einem bösartigen inoperablen Tumor im Knochenmark der Halswirbelsäule leide, der zudem von Fachleuten als unheilbar eingestuft wurde. Dadurch entdeckte er die – in jedem Menschen – schlummernde Kraft des menschlichen Bewußtseins und nutzte sie zur Selbstheilung aus. Als „Nebenwirkung" ergab sich, daß er von dem Moment an auf seine Brille gänzlich verzichten konnte.

Durch seine eigenen Erfahrungen und Erfolge motiviert, unterrichtet er seit 1976 seine Methoden der Heilung und entwickelte das „Körper Spiegel System". Dieses wird seitdem von vielen Menschen – darunter auch viele anerkannte Heilkräfte und Lehrpersonen – angewendet.

ISBN 3-925609-01-6
154 Seiten + Lesetafel · €

Die esoterische Reihe im Edel Verlag

Hilarion

gechannelt von Maurice B. Cooke

edel verlag

Schwarze Roben Schwarze Brüder

... oder die Suche
nach dem Licht im Dunkeln
und verwandte Themen
aus dem Englischen von K. H. Holland

Schwarze Roben · Schwarze Brüder

Was verbirgt sich eigentlich hinter den unzähligen Mythen und Erzählungen von Teufeln, Versuchern und Dämonen? Von schwarzen Kräften und den »Mächten der Finsternis«? Handelt es sich hier um Schwarzmalerei? Sind diese Gestalten von jeher nur Symbol für die finsteren Seiten in unserem eigenen Inneren, oder stecken tatsächlich eigenständige Wesen dahinter, die uns von außen attackieren können?

In diesem kleinen Handbuch spricht Hilarion durch das kanadische Medium Maurice B. Cooke über die Ursprünge, Ziele und Techniken jener Wesensgruppe, die man auch die Schwarze Bruderschaft genannt hat. Der Leser erhält detaillierte Informationen, in welchen Lebensbereichen es am häufigsten zu Versuchungen kommt und wie man sich schützen kann.

Nach der Lektüre des Epilogs wird der Leser das Leben mit anderen Augen sehen.

ISBN 3-925609-09-1 · 112 Seiten · €